# 101
# PRAIAS DE SONHO

Ediouro

# 101 PRAIAS DE SONHO

Ediouro

# SUMÁRIO

Região Sul ............................................................................................. 7

Região Sudeste ..................................................................................... 33

Região Nordeste ................................................................................... 73

Regiões Norte e Centro-oeste ........................................................ 123

# APRESENTAÇÃO

Praia, para você, pode ser uma espreguiçadeira à beira-mar, com um garçom por perto para trazer suas caipirinhas e cervejas geladas. Ou uma vastidão de areia branca e água azulzinha, sem outra alma viva no horizonte. Talvez um trecho muvucado, onde a paquera role sem inibições, e a diversão emende noite adentro.
Seja qual for sua praia, ela está aqui, numa seleção dos 101 melhores cantinhos do litoral brasileiro feita pelo *Guia Quatro Rodas*.
A lista vai de Guarita, no litoral de Torres, Rio Grande do Sul, até as praias fluviais do Rio Araguaia, em Barra do Garças, Mato Grosso – passando pela orla de Santa Catarina, São Paulo, Rio de Janeiro, Bahia, Pernambuco, Alagoas, Ceará...
De posse das informações colhidas pela equipe do *Guia Quatro Rodas* em viagens por todo o país, a jornalista Mônica Santos editou os textos das 101 praias que você encontra a seguir. Também incluiu curiosidades, sugestões de passeios bacanas e dicas sobre as comidas típicas do litoral. Com tudo isso, difícil vai ser escolher apenas um cantinho da orla brasileira para passar o próximo verão.

GABRIELA ERBETTA
editora

© DIVULGAÇÃO

# Região Sul

Não tem pra ninguém: no Sul, as melhores praias estão em Santa Catarina. As ondas perfeitas de Garopaba e Guarda do Embaú, baleias-francas na praia do Rosa, a lagoa para windsurfe em Barra de Ibiraquera, a areia chique de Jurerê Internacional e refúgios quase selvagens como Lagoinha do Leste e praia Vermelha colocam o estado entre os melhores destinos litorâneos do Brasil.

### SAI A CERVEJA, ENTRA O CHIMARRÃO
*A cuia, a bomba, a erva-mate e a garrafa térmica com água quente têm presença garantida nas areias do Rio Grande do Sul. Pode parecer insólito, mas para um gaúcho autêntico tomar chimarrão na praia é um hábito tão normal quanto o dos banhistas do restante do país que fazem descer, goela abaixo e com muito gosto, a cervejinha bem gelada.*

© CRIS BERGER

# 1 GUARITA (TORRES, RS)

Ok, vamos combinar: o litoral do Rio Grande do Sul não tem nenhum balneário estiloso, com águas mornas e quiosques de primeira. O melhor do estado está na serra, com seus imponentes cânions e roteiros de inverno aquecidos por lareira, vinho e fondue. Mas Torres, no extremo norte da costa gaúcha, já pertinho de Santa Catarina, guarda uma surpresa. O município tem esse nome graças às suas três enormes falésias rochosas, as chamadas torres do Norte, do Sul e do Meio. Elas medem entre 25 e 30 metros e são separadas por dunas e praias de areia batida. A mais bacana de todas, com apenas 400 metros de extensão entre as torres do Meio e do Sul, é a praia Guarita. Praticantes do surfe são maioria na água. Por causa das correntes traiçoeiras e do fundo rochoso, o grande barato dos banhistas é mesmo escalar os penhascos e curtir, lá do alto, uma das mais belas vistas panorâmicas da região.

## COMO CHEGAR
Torres fica a 208 km da capital. A partir de Porto Alegre, siga pela BR-290 ou pela RS-030 até Osório. Pegue então a BR-101 ou vá pela Estrada do Mar, a RS-389.

## SAIBA MAIS
www.cliquetorres.com.br

© CINDY WILK

## 2 BARRA DE IBIRAQUERA (IMBITUBA, SC)

A rústica composição de mar azul, pequenas dunas e lagoa fica ainda mais bonita quando colorida pelo kite e pelo windsurfe. Com ventos ideais para deslizar – e voar – sobre a água, Barra de Ibiraquera é um paraíso para os esportistas do gênero. Os melhores ventos sopram durante a primavera. Além de integrar o circuito de vários campeonatos profissionais, a praia acolhe bem os iniciantes graças à boa oferta de escolas e aos locais que alugam os equipamentos.

### COMO CHEGAR
Pela BR-101, sentido sul, são 103 km a partir de Florianópolis.

### SAIBA MAIS
Barra de Ibiraquera pertence ao município de Imbituba. História e fotos bacanas de toda a região estão no site oficial da cidade, o www.imbituba.sc.gov.br. Para espiar hotéis, pousadinhas e casas de aluguel para temporada, vá direto ao www.barradeibiraquera.com.br

© CRIS BERGER

© RICARDO FREIRE

## 3  PRAIA DO LUZ (IMBITUBA, SC)

Eis um dos mais bem guardados segredos do litoral catarinense. Os surfistas em busca da onda perfeita são maioria na praia do Luz, ainda pouco freqüentada por turistas e com duas possibilidades de acesso. De carro, quando a maré permite, são 5 km pela beira do mar a partir de Barra de Ibiraquera. Quem sai da praia do Rosa aventura-se por uma trilha de 6 km, conhecida como Caminho do Rei. Reza a lenda que muitos tesouros teriam sido escondidos no trajeto percorrido por D. João VI. Para os adeptos do ecoturismo, a riqueza são as piscinas naturais, os costões, as cachoeiras e a vegetação que compõem a trilha. Chega-se então à praia de areia branquinha, ladeada por morros. O cansaço é recompensado pela paisagem única, enfeitada pela Ilha do Batuta, que fica bem em frente. Ir embora cedo, nem pensar! O pôr-do-sol ali é deslumbrante.

### COMO CHEGAR
Pela trilha ou de carro, a decisão é sua. A BR-101 leva até as praias do Rosa e Barra de Ibiraquera (respectivamente, 90 km e 103 km a partir de Floripa).

### SAIBA MAIS
www.imbituba.sc.gov.br

---

**BALEIAS À VISTA**
*Todos os anos, entre junho e novembro, as baleias-francas migram desde a Antártida para reproduzir-se e amamentar nas águas catarinenses. Transformada em Área de Preservação Ambiental, a costa do estado é o melhor ponto do país para ver baleias. Com sorte, é possível vê-las a partir da praia, mas o grande barato é embarcar nas expedições marinhas que partem das praias do Rosa, em Imbituba, e de Garopaba. O passeio é show!*

## 4  PRAIA DO ROSA (PRAIA DO ROSA, SC)

É verdade que a natureza foi generosa com a praia do Rosa. A baía encanta pela minúscula faixa de areia branquinha cercada de morros e lagoas e pelas ondas fortes e constantes, ideais para o surfe. Mas o que a colocou na lista das praias mais cobiçadas do Sul foi seu estilo, meio rústico, meio chique. Não é raro ver carroças puxadas por bois dividirem a paisagem com garotos sarados de prancha sob o braço. Suas ruas de terra acolhem as pousadas mais sofisticadas do litoral catarinense, bons restaurantes, lojinhas transadas e, para a alegria da moçada, uma noite agitada, sem hora para acabar.

### COMO CHEGAR
Está a 90 km ao sul de Florianópolis, no km 274 da BR-101. Grandes operadoras de turismo vendem pacotes para lá.

### SAIBA MAIS
www.imbituba.sc.gov.br; www.praiadorosa.tur.br

© RICARDO FREIRE

© RICARDO FREIRE

## 5 VERMELHA (GAROPABA, SC)

Se você tem espírito aventureiro, essa é sua praia em Santa Catarina. Sua e de surfistas apaixonados pelas ondas radicais que se formam por lá. De propriedade particular e cercada de preservada vegetação nativa, a quase deserta praia Vermelha exige certo esforço de quem deseja desfrutar de seus encantos. O acesso é feito por trilha de 1 hora a partir das praias do Rosa ou do Ouvidor, que já pertencem ao município de Garopaba.

### COMO CHEGAR
Pé na trilha: a partir da praia do Rosa, é preciso dar a volta no costão norte. Quem sai da praia do Ouvidor, a 17 km do centro de Garopaba, anda pelo costão sul.

### SAIBA MAIS
www.garopaba.sc.gov.br; www.guiagaropaba.com.br

© CRIS BERGER

## 6 FERRUGEM (GAROPABA, SC)

Balneário preferido da moçada sarada na costa catarinense, a praia da Ferrugem é uma festa, sobretudo no verão e nos feriados prolongados. No lado direito, um costão de pedra forma deliciosas piscinas naturais, boas para mergulhar. O mar, para alegria dos surfistas, é agitado. Prancha debaixo do braço, lá vão eles pegar onda enquanto a paquera rola solta na areia. Quando a noite cai, a azaração se transfere para as ruas de terra da vila cheia de barzinhos que só funcionam na alta madrugada.

### COMO CHEGAR
Em Florianópolis, pegue a BR-101 rumo ao sul até o km 273. A partir daí, na SC-434, são mais 15 km.

### SAIBA MAIS
www.garopaba.sc.gov.br; vivagaropaba.com.br

# 7 SILVEIRA (GAROPABA, SC)

Dizem por aí que a cidade de Garopaba é o Havaí brasileiro. E não há exagero nenhum nisso. Por ali circulam os melhores surfistas do país, as gatinhas que os seguem, os amadores e os simpatizantes do esporte que ficam na areia, só babando. Não muito longe da badalada Ferrugem está a bem mais tranqüila praia do Silveira, emoldurada por morros e considerada uma das melhores para a prática do surfe no país. Quando vai de encontro ao costão no canto direito da praia, o mar se traduz em ondas maravilhosas para tubos e outras manobras radicais. A tribo da prancha vai ao delírio.

## COMO CHEGAR
O centro de Garopaba está a 101 km da capital catarinense. Mais 2 km em direção ao sul e chega-se à praia do Silveira.

## SAIBA MAIS
www.garopaba.sc.gov.br; www.guiagaropaba.com.br

© CRIS BERGER

© RICARDO FREIRE

## 8 GUARDA DO EMBAÚ (GUARDA DO EMBAÚ, SC)

A melhor maneira de curtir Guarda do Embaú é ficar hospedado lá – mas, se você não tiver a sorte de conseguir uma vaga em suas charmosas pousadas, pule da cama cedo para aproveitar bem o dia. Por volta das 10h da manhã já é acirrada a disputa por uma vaga no estacionamento. Para acessar a bela faixa de areia fofa é preciso cruzar o rio Madre, que por um bom trecho corre paralelo ao mar. Na maré baixa, dá para fazer isso a pé, mas por que dispensar o charme rústico dos barquinhos, sempre a postos para fazer a travessia? Uma vez na areia, não estranhe se ouvir coisas como "o mar está flat" (sem ondas), "vou dropar" (descer uma onda da crista até a base) e "haole" (surfista que não é do local): Guarda é mais um reduto do surfe na costa catarinense.

### COMO CHEGAR
A cidade está a 57 km da capital. Siga pela BR-101 até o trevo do km 244. Dali são mais 5 km até a vilinha.

### SAIBA MAIS
www.guardadoembau.com.br

# 9 LAGOINHA DO LESTE (FLORIANÓPOLIS, SC)

Fôlego, calçado confortável, roupas leves, protetor solar e uma garrafinha de água são essenciais. Também é bom levar algum lanche para o caso de a fome apertar. Ao sul da ilha, guardada por morros e com acesso somente por trilhas, Lagoinha do Leste não tem quiosques ou qualquer outro tipo de infra-estrutura, o que a torna ainda mais interessante. Quem sai de Pântano do Sul anda por 1 hora. A trilha que começa no canto direito da praia do Matadeiro é mais longa (2h30), mas inclui vistas panorâmicas das praias Morro das Pedras, do Campeche, da Joaquina e até das pontes que ligam a ilha ao continente. Qualquer que seja a travessia escolhida, a recompensa é a mesma: uma praia com mata Atlântica preservada, lagoa de água doce e muita, muita tranqüilidade.

### COMO CHEGAR
A SC-406 dá acesso às praias Pântano do Sul e Matadeiro, ponto de partida das trilhas que levam até Lagoinha do Leste.

### SAIBA MAIS
www.guiafloripa.com.br

© RICARDO FREIRE

© RICARDO FREIRE

## 10 ILHA DO CAMPECHE (FLORIANÓPOLIS, SC)

Ela é o cartão-postal da praia do Campeche, mas a melhor maneira de chegar a esse refúgio natural e quase selvagem é a partir da praia da Armação, num passeio de barco de pescador que dura 30 minutos. Tombada como Patrimônio Arqueológico e Paisagístico Nacional, a Ilha do Campeche tem 160 inscrições rupestres e trilhas que levam até elas. O acompanhamento de um guia é obrigatório. No restante do dia, dá para curtir a pequena praia de areia fina e clara e o mar de águas calmas e transparentes, sob medida para os praticantes de mergulho livre e para a criançada.

### COMO CHEGAR
A SC-406 leva à praia da Armação, de onde partem os barcos de pescadores. No verão, escunas também saem da praia Barra da Lagoa. O local só recebe 400 visitantes por dia, e de abril a novembro é preciso agendar por meio da Associação de Monitores. Informações: (48) 3248-0002.

### SAIBA MAIS
www.guiafloripa.com.br

**CAMARÃO OU OSTRA?**
Há dois pratos clássicos do litoral catarinense, encontrados sobretudo nos restaurantes de pescados de Floripa. A seqüência de camarão não é propriamente um programa gourmet, mas a maior parte dos turistas não resiste à idéia de saborear o crustáceo ao alho e óleo, ao bafo, à milanesa, frito e no molho de peixe, tudo na mesma refeição. As ostras chegaram do Pacífico no início dos anos 90 e se deram muito bem aqui. Hoje, a capital é a maior produtora do molusco no país. Quer prazer maior que comer ostras (crua, gratinada, no bafo ou à vinagrete) colhida num criadouro que você vê da sua mesa?

© CRIS BERGER

# 11 JURERÊ (FLORIANÓPOLIS, SC)

Jurerê não é a praia mais bonita de Floripa – mas é, de longe, a mais civilizada. Por ali, infra-estrutura é sinônimo de charme e bom gosto. Mais disputado, o lado esquerdo abriga um luxuoso condomínio e um shopping a céu aberto. Mordomias como alamedas de acesso com vagas para estacionar, badalados lounges à beira-mar e cardápios com requinte raro quando o assunto é praia fazem o maior sucesso. Em outras palavras, é areia chique. Os argentinos adotaram o local como sua praia. Eles estão por todos os lados, no comando de hotéis e restaurantes e também como turistas – daí o espanhol falado por todo canto e faixas como "se alquila sombrillas y reposeras" (alugam-se guarda-sóis e cadeiras). Mas nossos *hermanos* do sul não são os únicos que elegeram o norte de Floripa como seu território. No verão também há muito carioca e paulista por lá.

## COMO CHEGAR
Jurerê fica no norte da ilha, a 27 km do centro. Acesso pela SC-401.

## SAIBA MAIS
www.guiafloripa.com.br

© CRIS BERGER

## 12 DO ESTALEIRO (PORTO BELO, SC)

O município de Porto Belo fica a 40 minutos de carro de Florianópolis, às margens de uma tranqüila baía com praias boas para esportes náuticos. Minúscula e bem escondida, a praia do Estaleiro é a melhor de todas. Os morros forrados de vegetação nativa contrastam com o mar incrivelmente transparente. Dá vontade de ficar o dia inteiro debaixo d'água! Há duas formas de chegar até ali: por uma trilha de 10 minutos ou pelo mar. Da praia de Porto Belo partem escunas para passeios que incluem outras quatro praias, mais a Ilha de Porto Belo.

### COMO CHEGAR
Porto Belo está a 68 km de Florianópolis e a 12 km de Bombinhas pela SC-412. Do centro, pegue a estrada de terra que leva ao Iate Clube e siga por 7 km. No início da trilha (uma descidona), há uma disputada área para deixar o carro.

### SAIBA MAIS
www.portobelo.com.br

© RICARDO FREIRE

© DIVULGAÇÃO

## 13 GANCHO DE FORA (GOVERNADOR CELSO RAMOS, SC)

Governador Celso Ramos é uma península em terreno montanhoso, com enseadas de mar calmo e vilas de pescadores. Em uma de suas praias, a Gancho de Fora, está o Ponta dos Ganchos Resort, que figura entre os hotéis e restaurantes mais charmosos do mundo segundo a eleição da exclusiva associação Relais & Chateaux. Hospedar-se ali é como fazer parte de um conto de fadas. A taça de champanhe servida na chegada é o mais simples dos mimos de que os hóspedes desfrutam ao longo da estada. Sob medida para uma viagem a dois, os bangalôs, no topo de uma colina, têm vista deslumbrante e são impecavelmente decorados – alguns com adega, sauna, hidro e piscina na varanda. Ah: a água da piscina, bombeada do mar, é salgada e aquecida! Na pequena praia particular, caiaques e veleiros esperam os visitantes – e o trajeto até lá é feito em carrinhos elétricos com motorista e tudo.

### COMO CHEGAR
Governador Celso Ramos está a 53 km de Florianópolis. Uma estradinha que sai do km 180 da BR-101 leva até o resort.

### SAIBA MAIS
www.govcelsoramos.com.br; www.pontadosganchos.com.br

## 14 SEPULTURA (BOMBINHAS, SC)

Munido de máscara e pé-de-pato, procure pela praia da Sepultura, em Bombinhas. Uma trilha escondida no caminho para as pousadas do morro leva até o local ainda pouco conhecido – e o trekking de 5 minutinhos não é nada perto do que se encontra no final: uma pequena enseada de águas muito claras cercada por costas rochosas. Entre pedras formam-se deliciosas piscinas naturais, perfeitas para a prática do snorkeling.

### COMO CHEGAR
Por trilha de 1 km a partir de Bombinhas ou pelo mar. Várias escunas que saem de Bombinhas e Porto Belo incluem uma parada na praia da Sepultura.

### SAIBA MAIS
www.bombinhas.sc.gov.br; www.guiabombinhas.com.br

© ZÉ PAIVA

## 15 BOMBINHAS (BOMBINHAS, SC)

Se existe uma praia perfeita para pais e filhos pequenos em Santa Catarina, essa praia se chama Bombinhas. O ar riponga do passado deu lugar ao colorido cenário de baldinhos, pazinhas e guarda-sóis que se esparramam pela areia. Embora seja o balneário mais disputado da península pontilhada de lugares inesquecíveis, o clima de tranqüilidade sobrevive. Nem mesmo durante o verão, quando pode ser difícil achar um lugar para estender a canga, Bombinhas lembra a agitada Floripa. Música alta e vendedores gritando no meio da areia são raros por ali. E as ondas, de tão fracas, são motivo de risada, nunca de preocupação. É por isso que, nem bem o dia começa, lá se vão famílias inteiras para a areia. A volta, em geral, só acontece no fim da tarde, quando o sol se põe.

### COMO CHEGAR
Bombinhas está a 56 km do aeroporto de Navegantes e a 74 km da capital. Acesso pela BR-101 (até o km 156) e SC-412.

### SAIBA MAIS
www.bombinhas.sc.gov.br; www.guiabombinhas.com.br

© RICARDO FREIRE

# 16 DO PINHO (BALNEÁRIO CAMBORIÚ, SC)

Fica em Balneário Camboriú o primeiro paraíso dos pelados no Brasil. Reconhecida como praia de naturismo em 1988, Pinho tem acesso controlado e regras rígidas para quem quer freqüentá-la – na faixa de areia, por exemplo, só circula quem estiver como veio ao mundo. Casais e famílias ficam à direita da praia, enquanto homens desacompanhados se instalam à esquerda. Morros e costões de pedra garantem a privacidade de quem quer tirar a roupa numa boa. Uma modesta estrutura de restaurante, camping e pousada atende aos que querem se hospedar por ali mesmo.

## COMO CHEGAR
Na saída de Balneário Camboriú, pegue a Rodovia Interpraias. São 12,5 km até a praia do Pinho.

## SAIBA MAIS
www.praiadopinho.com.br; www.secturbc.com.br

© RICARDO FREIRE

# 17  DOS AMORES (BALNEÁRIO CAMBORIÚ, SC)

Belas praias, boa oferta de hotéis e uma famosa vida noturna criaram as condições ideais para que Balneário Camboriú se tornasse o destino de milhares de turistas do Mercosul. Perto de suas praias cheias de bares que funcionam até o sol raiar, a praia dos Amores, já na divisa com Itajaí, é um verdadeiro oásis. À noite, no canto esquerdo da orla, até rola um agito, mas o público que a freqüenta está mesmo interessado em pegar ondas, relaxar na areia grossa e saltar de asa-delta e parapente do Morro do Careca. Tudo na maior tranqüilidade.

### COMO CHEGAR
Pela Rodovia Interpraias, a 6 km ao norte a partir do centro de Balneário Camboriú.

### SAIBA MAIS
www.itajai.sc.gov.br

© DIVULGAÇÃO

© RICARDO FREIRE

## 18 VERMELHA (PENHA, SC)

A maior parte dos turistas que vai até Penha passa bem longe de suas praias. Em família ou excursão, eles vão direto ao Beto Carrero World, o maior parque de diversões da América Latina. E ficariam na maior frustração se soubessem que deixaram de curtir a praia Vermelha, uma pequena jóia da natureza. Em área de preservação ambiental, cercada por morros e de difícil acesso, a praia tem pouco espaço para banho, mas além do visual de babar é excelente para a pesca de arremesso. E mais: dali sai a trilha que leva até a praia do Lucas, deserta, com ondas fortes e de beleza igualmente deslumbrante.

### COMO CHEGAR

Penha está a 114 km de Florianópolis e a 26 km de Itajaí. O acesso à praia Vermelha é feito por duas estradas de terra. A mais curta, com cerca de 2 km, começa ao lado do hotel Vila Olaria, no centro. A outra, a partir da praia Grande, tem 8 km.

### SAIBA MAIS

www.penha-sc.com.br

© RICARDO FREIRE

# 19 DO MIGUEL (ILHA DO MEL, PR)

Os carros ficam no continente, na praia Pontal do Sul ou em Paranaguá. Depois da travessia (de 30 minutos no primeiro caso e de 1h30 no segundo) chega-se à Ilha do Mel. Estrela do litoral paranaense, a ilha combina praias selvagens, com acesso por trilhas bem sinalizadas, a uma vida noturna agitada, sobretudo na alta temporada. Deserta, cercada por costões cobertos de mata nativa, a praia do Miguel é a mais bonita de todas. Na extremidade sul está o Morro do Sabão, ponto de saltos de paraglider.

## COMO CHEGAR

De Curitiba até Pontal do Sul são 95 km. Os barcos saem de hora em hora em Pontal do Sul e em menos horários de Paranaguá. A oferta de embarcações aumenta na temporada e nos feriados. Aos domingos, uma maneira pitoresca de chegar até Paranaguá é embarcar no trem que segue da capital, serra abaixo, num percurso de 110 km. A paisagem é incrível.

## SAIBA MAIS

www.ilhadomelonline.com.br; www.ilhadomel.net. Para informações sobre o trem que leva até Paranaguá, consulte www.serraverdeexpress.com.br

© BIA PARREIRAS

# Região Sudeste

O que dizer de um litoral que tem a Rio-Santos, uma das rodovias mais belas do Brasil, acompanhando o encontro das montanhas com o mar por 550 km? Duro é saber para onde olhar! De um lado estão os deslumbrantes morros cobertos de mata Atlântica. De outro, as recortadas enseadas – algumas quase primitivas, só acessíveis por trilhas, e outras cosmopolitas, com orlas cheias de concreto e gente. Surfar, mergulhar, fazer trilha, meditar, velejar, namorar...
Tudo é possível na costa que abarca os estados de São Paulo, Rio de Janeiro e Espírito Santo. A região ainda guarda jóias como Ilhabela, a maior ilha marítima do Brasil, cartões-postais conhecidos mundialmente, como a praia de Copacabana, e o Parque Nacional de Itaúnas, ao norte do território capixaba, com seu cenário de dunas capaz de fazer o turista acreditar que já botou os pés nas areias fofas do Nordeste.

© CLAUDIO LARANGEIRA

# 20 DO IPANEMA (ILHA DO CARDOSO, SP)

Bem longe das badaladas praias ao norte de São Paulo e da urbanizada faixa sul em torno de Santos existe um pedaço do litoral paulista pouco conhecido, pacato e preservadíssimo. Quase na divisa com o Paraná, a região do Lagamar brilha como o maior trecho contínuo de mata Atlântica do Brasil. Faz parte desse cenário a rústica Ilha do Cardoso, com trilhas, cachoeiras e extensas praias de areia batida e mar escuro, resultado do encontro de rios de água doce que descem das montanhas verdes do Vale do Paraíba. A deserta praia do Ipanema é uma das estrelas do lugar. Dá para chegar em passeios de barco ou – haja fôlego! – num trekking de nível médio, com duração de 3 horas e visual cinematográfico. A recompensa para tanto esforço é o mergulho nas piscinas naturais formadas pelas pedras que cercam a praia.

## COMO CHEGAR

A Ilha do Cardoso é um distrito de Cananéia, de onde partem os barcos. Acesso pela Régis Bittencourt (BR-116), a 308 km a partir de São Paulo ou 260 km a partir de Curitiba.

## SAIBA MAIS

www.cananet.com.br/peic

© JOSÉ EDUARDO CAMARGO

# 21 BARRA DO UNA (PERUÍBE, SP)

É a partir da cidade de Peruíbe que o litoral sul de São Paulo muda de cara. Do Morro do Guaraú em diante, a orla urbanizada dá lugar a enseadas preservadas, rios e cachoeiras cercadas de mata Atlântica. Barra do Una, a última das praias, já dentro da Estação Ecológica de Juréia-Itatins, merece a visita. O acesso por estrada de terra a partir do centro é precário, mas quem vai uma vez quer voltar sempre. Só não confunda: há outra Barra do Una em São Sebastião. Em Peruíbe, o simpático vilarejo caiçara reúne apenas o básico: pousadinhas, barzinhos, restaurantes modestos e área de camping. A pequena estrutura é mais que suficiente para curtir a praia de 2 km de extensão, o mar com ótimos costões para a pesca amadora e a paisagem decorada pelo maciço da Juréia.

### COMO CHEGAR
De São Paulo a Peruíbe são 141 km pelas rodovias Imigrantes e Padre Manuel da Nóbrega. Barra do Una está 27 km ao sul, com acesso por precária estrada de terra não recomendada em dias de chuva.

### SAIBA MAIS
www.peruibe.sp.gov.br/turismo; www.peruibe.tur.br

© FERNANDO PEREIRA

© MARCO DE BARI

## 22 PERNAMBUCO (GUARUJÁ, SP)

O turismo em massa dos anos 90 não chegou a roubar os encantos do Guarujá. A combinação de atrativos que inclui praias desertas ao norte, uma faixa urbanizada com shopping e cinema e a vida noturna com pique de metrópole continua a fazer sucesso entre os paulistanos. E a bela praia de Pernambuco, com areia fofa e mar perfeito para esportes náuticos, ganhou um resort pé-na-areia. Luxuoso paraíso de 302 quartos, o Sofitel Jequitimar chegou para aumentar o prestígio da região, cheia de casas assinadas por arquitetos de grife. De São Paulo até lá são 86 km – ou "apenas 15 minutinhos de helicóptero", como costumam enfatizar os funcionários do resort.

### COMO CHEGAR
Guarujá está a 86 km de São Paulo. Siga pela Imigrantes até Cubatão e de lá pegue a Rodovia Cônego Domênico Rangoni, também conhecida como Piaçaguera-Guarujá.

### SAIBA MAIS
www.guiaguaruja.com.br; www.guaruja.sp.gov.br

# 23 JURÉIA (SÃO SEBASTIÃO, SP)

Nesse cantinho de São Sebastião, parece que o tempo parou. Entre costões de mata Atlântica, em área de preservação ambiental, Juréia nem de longe lembra a badalação de Maresias e Camburi, as praias badaladas da cidade. Suas ruas de terra exibem loteamentos, belas casas de veraneio, algumas pousadas e nada mais. Os bares e restaurantes mais próximos estão a 5 km, na vizinha Barra do Una. Quem se hospeda por ali quer mais é caminhar ou esticar a canga na areia grossa e cheia de conchinhas para esquecer da vida curtindo a deslumbrante paisagem. Perigosa para o banho, a praia de tombo com ondas violentas e irregulares atrai os surfistas.

### COMO CHEGAR
Juréia está a 145 km de São Paulo e a 62 km do centro de São Sebastião. Escolha entre rodovia Ayrton Senna ou Via Dutra para chegar até São José dos Campos e de lá siga pela Tamoios. Para uma viagem panorâmica, a melhor pedida é descer pela Imigrantes e seguir até o km 186 da Rio-Santos.

### SAIBA MAIS
www.saosebastiao.com.br; www.saosebastiao.sp.gov.br

© GUILHERME ANDRADE

© BIA PARREIRAS

## 24 BARRA DO SAÍ (SÃO SEBASTIÃO, SP)

Pequena e em forma de ferradura, esta praia tem areia clara e fofa e mar calmo, perfeito para crianças ou esportes náuticos. Só que o nome dado ao seu lado direito não é brincadeira: no Canto Bravo, o mar realmente é perigoso, embora haja por ali uma deliciosa piscina natural entre pedras, com acesso controlado por um condomínio. No lado esquerdo fica a foz do rio Saí, ponto de partida do agradável passeio de barco para As Ilhas – na verdade, uma única ilha com três elevações que a distância parecem independentes. Ah, não estranhe a mistura de idiomas que se ouve na areia: os estrangeiros amam o clima intimista de Barra do Saí.

### COMO CHEGAR
São 44 km até o centro de São Sebastião ou 159 km até a capital.

### SAIBA MAIS
www.saosebastiao.com.br; www.saosebastiao.sp.gov.br

© GUILHERME ANDRADE

## 25 CAMBURI (SÃO SEBASTIÃO, SP)

É a partir desse trecho que começa o agito de São Sebastião. Ao mesmo tempo chique e rústica, Camburi é a praia dos jovens sarados e das celebridades que se hospedam em mansões ou na charmosa Villa Bebek, pousada que fica na praia vizinha, Camburizinho. A areia fina é o paraíso de quem curte ver e ser visto. E os praticantes do surfe não têm do que reclamar: ondas altas e fortes se formam no canto direito da praia. À noite todos se cruzam nos bares e restaurantes superbacanas da vila. Quer mais? O desfecho de um dia feliz em Camburi é a boate O Galeão.

### COMO CHEGAR
Camburi está a 167 km de São Paulo.

### SAIBA MAIS
www.saosebastiao.com.br; www.saosebastiao.sp.gov.br

© GUILHERME ANDRADE

# 26 CAMBURIZINHO (SÃO SEBASTIÃO, SP)

Apenas 1 km separa Camburi de Camburizinho, e o vaivém entre as duas é constante – principalmente porque o clima de ambas, com gente bonita por todos os lados, se parece muito. Só que, em Camburizinho, a natureza foi um pouco mais generosa. Pequena e intimista, tem pequena faixa de areia fofa e mar com ondas calmas, um convite a um mergulho seguido de água de coco bem gelada. E aqui fica a Villa Bebek, uma das melhores pousadas do litoral norte paulista.

### COMO CHEGAR
Fica entre Camburi e Boiçucanga, no município de São Sebastião.

### SAIBA MAIS
www.saosebastiao.com.br; www.saosebastiao.sp.gov.br; www.villabebek.com.br

© BIA PARREIRAS

© GUILHERME ANDRADE

## 27 MARESIAS (SÃO SEBASTIÃO, SP)

Como todo o litoral norte, o visual de Maresias é mais que inspirador – só que esse não parece ser o maior de seus atrativos. Mesmo com infra-estrutura satisfatória, com boa variedade de hotéis, pousadas e restaurantes, ela nem de longe exibe o charme de Camburi. E quem liga para isso? Seus freqüentadores estão mesmo interessados na fauna humana, jovem e para lá de descolada. Os 4 km de areia servem de palco para uma balada a céu aberto, onde desfilam surfistas (o canto sul tem ondas fortes e freqüentes), modelos, vips, jet-setters e bem-nascidos, todos muito bronzeados. Nos fins de semana e nas férias, a festa ferve à beira do mar e também à noite, na casa noturna Sirena, onde a música é eletrônica e você pode dar a sorte de encontrar nos pick-ups alguns dos maiores DJs do mundo.

### COMO CHEGAR
Para quem vai de São Paulo pela Rio-Santos, Maresias está a 27 km do centro de São Sebastião.

### SAIBA MAIS
www.saosebastiao.com.br; www.saosebastiao.sp.gov.br

**DELÍCIA GELADA**
*Turista que chega pela primeira vez no litoral norte fica sem entender a verdadeira devoção que os freqüentadores têm por um tal sorvete Rochinha. Todos juram que é sensacional. Na dúvida, experimente! Não se trata de nenhuma lenda local – o sorvete é bom mesmo. Da pequena fábrica de São Sebastião saem 21 sabores de picolé e 34 de massa, feitos artesanalmente e distribuídos para diversas praias da região. A marca, aliás, já subiu a serra: pode ser encontrada em vários pontos de São Paulo. Mas na areia, no maior clima praiano, parece que o Rochinha fica ainda melhor.*

© BIA PARREIRAS

# 28 DAS CALHETAS (SÃO SEBASTIÃO, SP)

Um condomínio fechado dificulta o acesso dos banhistas, mas não se intimide. Vale muito conhecer esse minúsculo paraíso selvagem escondido entre as praias de Toque-Toque Pequeno e Toque-Toque Grande. É preciso deixar o carro na rodovia e caminhar 600 metros por uma estradinha de terra até chegar à praia – na verdade, uma península de pedras, com vegetação nativa e areia branca, sobre a qual as ondas avançam formando duas faces para o mar.

## COMO CHEGAR
De São Paulo, pela Rio-Santos, são 187 km. O centro de São Sebastião está mais ao norte, a 16 km.

## SAIBA MAIS
www.saosebastiao.com.br; www.saosebastiao.sp.gov.br

© GUILHERME ANDRADE

# 29 BAÍA DOS CASTELHANOS (ILHABELA, SP)

Ilhabela não é apenas a maior ilha marítima do Brasil. Com 336 km², ela funciona como um mundo à parte do litoral norte paulista, com vida noturna própria, passeios, praias, hotéis, restaurantes e muitas, muitas atrações. Quer se aventurar pela mata Atlântica? A área verde preservada, que corresponde a 85% da ilha, esconde inúmeras trilhas e mais de 300 cachoeiras. Também dá para velejar, mergulhar, surfar ou simplesmente se esticar sob o sol. Com 2 km de faixa de areia prateada, a Baía dos Castelhanos é a maior praia da ilha e quase uma síntese de tudo o que se encontra por lá: tem trecho para banho, ondas maneiras para o surfe, uma trilha de 40 minutos que leva à Cachoeira do Gato. O acesso é difícil (fica do lado sul, que dá para o oceano aberto), mas os passeios das agências garantem a alta freqüência. Pelo mar chegam os golfinhos e os turistas (1h30 de lancha ou 3h em saveiro), que não abrem mão de certo conforto. Por terra, numa estrada de terra de 22 km e para lá de acidentada, vão os mais aventureiros. O visual da mata é deslumbrante, mas só veículos com tração nas quatro rodas dão conta do caminho. Em dias de chuva, esqueça!

## COMO CHEGAR

Um canal de águas claras separa o porto de São Sebastião, a 213 km de São Paulo, de Ilhabela. A travessia feita por balsa dura 15 minutos. Quem não quer encarar as filas comuns na alta temporada, pode reservar o horário de ida e volta mediante o pagamento de uma taxa. As agências de turismo promovem passeios de barco ou jipe para Castelhanos.

## SAIBA MAIS

www.ilhabela.sp.gov.br; www.ilhabela.com.br

© FRANÇOIS CALIL

© SERGIO PINHEIRO

## 30 PRAIA DA FOME (ILHABELA, SP)

Uma trilha de 4 horas leva até a praia da Fome – realmente, depois de tanto esforço físico em meio à mata, o lanchinho se torna tão essencial quanto o repelente contra os borrachudos. Mas não é a fome dos aventureiros a razão do nome desse paraíso selvagem à beira do mar, assim batizada por ter visto muito escravo vindo da África desembarcar ali de estômago vazio. Ainda hoje resiste uma antiga senzala ao pé de um morro. Boa para mergulho e surfe, a praia da Fome recebe um bom número de turistas – mas a maioria prefere ir de barco mesmo. Muito mais fácil, não?

### COMO CHEGAR
A trilha que leva até a praia da Fome começa no fim da estrada ao norte de Ilhabela, na praia de Jabaquara. Para ir de barco, informe-se nas agências de turismo.

### SAIBA MAIS
www.ilhabela.sp.gov.br; www.ilhabela.com.br

# 31 BONETE (ILHABELA, SP)

Localizada ao sul, na parte de Ilhabela voltada para o oceano, Bonete em nada lembra o outro lado do arquipélago. As lojinhas e os velejadores do centrinho da ilha aqui dão lugar a uma pequena comunidade caiçara. Energia elétrica, supermercado, café expresso, asfalto e guarda-sóis na areia não existem nessa praia selvagem de 400 metros, cercada de mata Atlântica e com excelentes ondas para o surfe. A única coisa que você realmente precisa levar é um bom repelente, para dar conta dos borrachudos. Ah, e uma lanterna para o caso de ficar hospedado na única pousada local, a Canto Bravo, e resolver dar uma voltinha à noite. Acesso por barco ou por trilha de 4 horas, que passa por três cachoeiras.

## COMO CHEGAR
Caminhada de 4 horas a partir da Ponta de Sepituba. As agências de turismo de Ilhabela oferecem guias para trilhas e também passeios de barco até lá.

## SAIBA MAIS
www.ilhabela.sp.gov.br; www.ilhabela.com.br; www.pousadacantobravo.com.br

### VELAS AO MAR
A costa voltada para São Sebastião é o lado mais conhecido de Ilhabela. Graças ao canal, há tanto vento que o município se tornou a capital da vela no Brasil. Em julho, mais de 1.500 velejadores participam da Semana Internacional de Vela, o maior evento do gênero na América Latina.

© BIA PARREIRAS

© GUILHERME ANDRADE

## 32 PRAIA DO CEDRO (UBATUBA, SP)

Muita gente diz que conhece a praia do Cedro, em Ubatuba, mas está se referindo à do Centro, que fica à beira da Rio-Santos. Vá lá, ela tem seus encantos, só que perde e muito em beleza para sua xará. A praia do Cedro imperdível, exuberante e deserta fica mais ao sul, depois de uma trilha de dificuldade média a partir da praia da Fortaleza. Depois de caminhar 40 minutos, chega-se à pequena faixa de areia dourada, águas claras e piscinas naturais – essa, sim, uma forte candidata ao título de a mais bela entre as 70 praias da cidade.

### COMO CHEGAR
Ubatuba está a 234 km de São Paulo. Dá para ir pela costa, seguindo a Rio-Santos, ou pegar as rodovias Ayrton Senna, Carvalho Pinto e Osvaldo Cruz (a partir do trevo de Taubaté). Até o Rio de Janeiro são mais 331 km.

### SAIBA MAIS
www.ubatubasp.com.br

# 33 ITAMAMBUCA (UBATUBA, SP)

Além do convidativo mar azul, o traço comum à maior parte dos 90 km da costa de Ubatuba é a mata Atlântica quase intacta, protegida pelo Parque Estadual da Serra do Mar. Em Itamambuca não é diferente. Os surfistas foram os primeiros a descobrir os encantos dessa orla de areia clara escoltada pelo verde dos morros. Apontada como um dos melhores picos para campeonatos de surfe no Brasil, a praia tem ondas constantes o ano inteiro. No canto direito, onde deságua o rio Itamambuca, forma-se um lago de água doce irresistível. É só mergulhar!

## COMO CHEGAR
Rumo ao norte pela Rio-Santos, são 15 km a partir do centro de Ubatuba.

## SAIBA MAIS
www.ubatubasp.com.br; www.ubatuba.sp.gov.br

© BRUNO AGOSTINI

© SERGIO PINHEIRO

## 34 PRAIA DO FÉLIX (UBATUBA, SP)

Um mirante que fica na BR-101, próximo à entrada, antecipa as belezas da praia do Félix. O verde das montanhas, a areia branquinha e cheia de sombra, o marzão azul... Está tudo ali, feito obra de arte de algum paisagista. A turma da prancha se concentra no canto direito, onde quebram as maiores ondas. O canto direito, com jeitão de piscina natural, é ideal para o mergulho amador. Com tempo e paciência, entregue os ouvidos a pitorescos *causos* de lobisomem e ovnis relatados pelos caiçaras.

### COMO CHEGAR
A praia do Félix está a 18 km do centro de Ubatuba, em direção ao norte. Acesso pelo km 31 da BR-101, a Rio-Santos, próximo ao posto da Polícia Rodoviária.

### SAIBA MAIS
www.ubatubasp.com.br; www.ubatuba.sp.gov.br

### PERNAS, PRA QUE TE QUERO!

Para andarilhos inatos, daqueles que não estão nem aí para os borrachudos, Ubatuba tem muito mais a oferecer. A praia da Fazenda é uma das portas de entrada para o Parque Estadual da Serra do Mar, onde é possível fazer várias trilhas com monitores. Com 2h30 de caminhada, a trilha Picadão da Barra passa por restinga, mangue e praia. Mais radical ainda, a trilha até a cachoeira Água Branca, no Sertão da Quina, consome 6 horas de trekking pesado a partir da praia de Maranduba. Sem o acompanhamento de guias, é possível fazer roteiros menores que levam a praias como da Justa (15 min.) e do Bonete (40 min.).

© GUILHERME ANDRADE

# 35 PURUBA (UBATUBA, SP)

Eis um lugar que fascina os olhos e dá sossego à alma. Uma estradinha liga a BR-101 ao vilarejo. É preciso então cruzar o rio para chegar à estonteante e intocada Puruba, uma praia de areia fofa, de tombo, boa para mergulho e melhor ainda para ficar sem fazer nada, só desfrutando do barulhinho do mar. Dá para fazer a travessia a nado, mas para que dispensar a experiência de embarcar nas canoas dos caiçaras, simpáticos e sempre de prontidão para atender aos turistas?

## COMO CHEGAR
A praia de Puruba está a 25 km ao norte do centro de Ubatuba, pela Rio-Santos.

## SAIBA MAIS
www.ubatubasp.com.br; www.ubatuba.sp.gov.br

© GUILHERME ANDRADE

# 36 PRAIA DO SONO (PARATY, RJ)

Não bastassem os belos casarões coloniais, o charme e a Flip, a festa literária que faz a cidade bombar todos os anos, Paraty exibe uma baía cheia de ilhas, perfeita para passeios de barco, e praias que não perderam suas características originais com a freqüência do público. Um desses cantinhos sagrados é a praia do Sono, com acesso apenas por trilha. Um camping e barzinhos improvisados nas casas dos pescadores são o suficiente para a moçada alternativa que chega até ali. Entre um e outro mergulho no mar, prove a delícia que é nadar na água doce do córrego do Sono, que deságua no cantinho esquerdo da praia.

### COMO CHEGAR
Paraty está a 252 km do Rio de Janeiro. No sentido sul pela BR-101, são mais 30 km até a entrada do condomínio de Laranjeiras. O começo da trilha de 1 hora fica em uma pequena vila logo após o condomínio.

### SAIBA MAIS
www.paraty.com.br; www.paraty.tur.br

© GUILHERME ANDRADE

© GUILHERME ANDRADE

## 37 PRAIA ANTIGOS (PARATY, RJ)

Se você chegar até a praia do Sono e achar que aquilo é o paraíso, então prepare-se para conhecer essa vizinha ao norte, ainda muito mais selvagem. Protegida por uma dura caminhada – são apenas 30 minutos, mas a subida é de lascar –, Antigos fica praticamente deserta durante o ano todo. Atraídos pelo mar agitado, os surfistas são maioria entre os que conhecem aquela que é, para muitos, a paisagem mais bonita de Paraty. Areia branca, águas claras e uma bica potável (quiosques, é claro, nem pensar!) recepcionam os visitantes em grande estilo. Antes de deitar e rolar, reserve fôlego para mais uma pequena caminhada até a praia Antiguinhos, ao lado, igualmente encantadora.

### COMO CHEGAR
Acesso a pé (30 min.), a partir da praia do Sono.

### SAIBA MAIS
www.paraty.com.br; www.paraty.tur.br

# 38 JURUBAÍBA (ANGRA DOS REIS, RJ)

Angra dos Reis reúne centenas de ilhas, muitas delas refúgios de milionários, artistas e esportistas. A badalação acontece em praias acessíveis só por barco. A Jurubaíba, também conhecida como a praia do Dentista, fica na Ilha da Gipóia, um dos locais preferidos pelos ricaços para ancorar suas embarcações. Em barquinhos, garçons servem camarão, lagosta, sushi, caipirinha de lima-da-pérsia... Quer desfrutar da boa vida, mas ainda não tem seu próprio iate? Alugue uma lancha ou pegue uma excursão no centro de Angra.

## COMO CHEGAR
De iate, num cruzeiro (muitos param lá) ou por terra mesmo. Angra dos Reis está a 166 km do Rio de Janeiro e a 414 km de São Paulo. De lá até a Ilha da Gipóia são 30 minutos de barco.

## SAIBA MAIS
www.angra.rj.gov.br; www.angra-dos-reis.com; www.angra.com.br

© SERGIO PINHEIRO

## 39 SACO DO CÉU (ILHA GRANDE, RJ)

Ilha Grande não é um nome exagerado: a maior ilha da baía de Angra dos Reis tem 196 km² e mais 30 km de uma ponta a outra. Separado de terra firme por 20 km de mar, esse arquipélago é dez vezes maior do que Fernando de Noronha. Apesar do passado sombrio – já foi refúgio de piratas, leprosário e presídio –, o que prevaleceu na Ilha Grande foram as atrações naturais. Enseadas de águas limpas, muita mata Atlântica preservada, trilhas, cachoeiras e quase 100 praias conferem ao lugar a maior pinta de paraíso. As águas da praia Saco do Céu, no lado da ilha voltado para o continente, têm uma tranqüilidade que beira o absurdo. Passeios de barco levam até o local cercado de mangue e protegido por montanhas. O mar é tão transparente que visitar o local nas noites de lua cheia para ver as estrelas refletidas na água virou um programa disputadíssimo.

### COMO CHEGAR
Carros não entram na Ilha Grande. A travessia do mar é feita a partir de Angra dos Reis, para quem sai de São Paulo, ou a partir de Mangaratiba, para quem vem do Rio de Janeiro, a 125 km dali. Passeios de barco contratados na Vila do Abraão, o centrinho da ilha, levam até o Saco do Céu de dia e de noite.

### SAIBA MAIS
www.ilhagrande.com.br; além de atrações, hotéis e locais para comer, o site www.ilhagrande.com informa o horário das barcas que fazem a travessia até a ilha.

# 40 CACHADAÇO (ILHA GRANDE, RJ)

Quem sai da Vila do Abraão, o centrinho de Ilha Grande, caminha por quase 4 horas para chegar à praia do Cachadaço. A primeira parte da trilha, em estrada de terra, leva até a praia Dois Rios. Depois são mais 3 km de chão de pedra até a enseada cercada por rochedos. O dito "tamanho não é documento" cabe com perfeição a esse refúgio deserto que, no passado, serviu de ponto de desembarque de escravos. O cenário que parece ter saltado da tela do cinema inclui um delicioso poço para banho formado por um riacho que deságua ali.

### COMO CHEGAR
Fazer a trilha na companhia de um bom guia é altamente recomendável. Informe-se sobre os horários e preços nas agências da Vila do Abraão. A praia do Cachadaço também é parte dos passeios de barco.

### SAIBA MAIS
www.ilhagrande.com.br; www.ilhagrande.com

© OSCAR CABRAL

© RICARDO FREIRE

## 41  LOPES MENDES (ILHA GRANDE, RJ)

Se 2,5 km de caminhada parecem muito, é capaz de você reconsiderar depois que chegar a Lopes Mendes, uma das praias mais bonitas da Ilha Grande. Embarque na Vila do Abraão para um passeio até a praia dos Mangues e, dali, cruze um morro (a tal trilha de 2,5 km) para chegar a Lopes Mendes, 3 km de areia fina voltados para o oceano. O mar raso e transparente convida a um mergulho atrás do outro. Da areia, a trilha sonora mais freqüente é a das ondas que batem forte, para a alegria dos surfistas – como está dentro de um parque ecológico, a praia não tem quiosques.

### COMO CHEGAR
Consome cerca de 30 minutos a trilha entre as praias dos Mangues e Lopes Mendes. Passeios de barco que saem da Vila do Abraão levam até o início da trilha.

### SAIBA MAIS
www.ilhagrande.com.br; www.ilhagrande.com

**NO FUNDO DO MAR**
*A quantidade de agências que promovem saídas de mergulho na Vila do Abraão tem sua razão de ser. Além das enseadas tranqüilas para a prática do snorkeling, Ilha Grande reúne excelentes pontos de mergulho na costa voltada para o oceano. A visibilidade chega a 8 metros nos naufrágios do navio Pingüino e de um helicóptero na Enseada do Sítio Forte. No navio Califórnia (praia Vermelha) e na gruta do Acaiá dá para observar moréias, tartarugas e robalos.*

# 42 DE GRUMARI (RIO DE JANEIRO, RJ)

Tem gente que já foi ao Redentor e ao Pão de Açúcar, viu um clássico no Maracanã, passeou pelas ruas de Santa Teresa, mas nunca pisou nas areias de Grumari. Se esse é o seu caso, não diga que conhece todas as maravilhas do Rio de Janeiro. Pouco mais de 40 km separam o centro da cidade dessa praia deserta cultuada por uma legião de fãs. Como está em área de preservação ambiental, Grumari ainda mantém o ambiente rústico e típico da costa carioca de muitas décadas atrás. As ondas fortes atraem os surfistas. Conhecido como praia do Abricó, o canto esquerdo, ainda mais selvagem e protegido por pedras, é dos nudistas.

## COMO CHEGAR

A partir de São Paulo, são 451 km pela Via Dutra. Também é possível chegar ao Rio pela rodovia Rio-Santos. Quem vai do Centro-Oeste ou de Minas Gerais usa a BR-040. E a BR-101 dá acesso para quem parte do Sul ou do Nordeste do país. Para ir até Grumari, siga pela Avenida das Américas, sentido Barra-Recreio, e continue pela estrada que margeia o morro.

## SAIBA MAIS

www.rio.rj.gov.br

© DIVULGAÇÃO

© MONIC CABRAL

## 43 PRAINHA (RIO DE JANEIRO, RJ)

Além de ter o melhor pico de surfe da cidade, a Prainha, com seus modestos 700 metros de areia, é também refúgio de gente bonita, famosos e descolados adeptos da trinca sanduba natural, suco de fruta e açaí. A moçada costuma chegar cedo para pegar o sol que se esconde atrás das montanhas no meio da tarde e garantir vaga no estacionamento – são 1.500 lugares para os freqüentadores de Grumari (que fica ao lado) e Prainha. Quando o estacionamento lota, uma cancela barra o acesso de mais carros.

### COMO CHEGAR
Cerca de 40 km separam a Prainha do centro do Rio de Janeiro. Vá pela Avenida das Américas (sentido Barra-Recreio) e siga contornando o mar.

### SAIBA MAIS
www.rio.rj.gov.br

© EDUARDO MONTEIRO

## 44 LEBLON (RIO DE JANEIRO, RJ)

Entre a encosta do morro Dois Irmãos e o Jardim de Alá, a praia do Leblon ostenta, ao lado da vizinha Ipanema, o maior índice de celebridades por metro quadrado de areia. Cariocas da gema (ou aqueles capazes de tudo para se fazer passar por um) parecem achar a coisa mais normal do mundo pegar praia ao lado de gente como Luana Piovani e Marcelo Anthony – mas você, que é turista, não precisa ter a mesma atitude *blasé*. Para ver celebridade até babar, garanta seu cantinho nas areias claras e fofas da praia ou então, numa magrela, percorra a ciclovia que começa no Leblon e segue até o Leme. Fique de olho: quando está no Rio, Chico Buarque é um *habitué* do calçadão. Outra especialidade da praia é atender aos pequenos banhistas no quiosque Baixo Bebê, com estrutura que inclui fraldário, local para aquecer mamadeiras e brinquedos. Mamães anônimas e famosas adoram.

### COMO CHEGAR
Há vôos diários para o Rio de Janeiro partindo de diversas capitais brasileiras.

### SAIBA MAIS
www.rio.rj.gov.br

© EDUARDO MONTEIRO

## 45  IPANEMA (RIO DE JANEIRO, RJ)

No bairro mais caro e mais charmoso da cidade fica também a praia mais badalada de toda a orla carioca. Desde os anos 70, é em Ipanema que as coisas acontecem. Berço do vôlei de praia (também há quadras de futevôlei), a faixa de areia em que Leila Diniz desfilou grávida de biquíni e Fernando Gabeira escandalizou com sua minúscula tanga de crochê segue ditando moda. Famosos aos montes, de todos os quilates, esparramam-se na areia como simples mortais ao lado da moçada descolada, dos intelectuais, dos estrangeiros... Ao se aproximar do Posto 9, prepare-se para encher os olhos – ou morrer de inveja! Ponto de encontro da moçada, o local exibe a maior concentração de corpos sarados do Rio.

### COMO CHEGAR
Faça como os cariocas: vá pelo calçadão, correndo ou caminhando, ou então alugue uma bike e pegue a ciclovia que beira as praias da Zona Sul.

### SAIBA MAIS
www.rio.rj.gov.br

© BIA PARREIRAS

© ROBERTO SETTON

## 46 DO ARPOADOR (RIO DE JANEIRO, RJ)

De um lado, Ipanema. De outro, Copacabana. E, ainda assim, a pequena praia do Arpoador consegue ter brilho próprio. Pudera. Foi em suas fortes ondas que o carioca descobriu o surfe – a faixa de areia de apenas 400 metros é disputada pela turma da prancha. Além disso, a pedra do Arpoador serve como arquibancada para ver o pôr-do-sol, muitas vezes celebrado com salva de palmas. Lá do alto têm-se uma das vistas mais deslumbrantes do Rio de Janeiro, que inclui as praias Ipanema, Leblon e o morro Dois Irmãos.

### COMO CHEGAR
Acesso pelo calçadão de Ipanema. Só moradores podem transitar de carro pelo local.

### SAIBA MAIS
www.rio.rj.gov.br

# 47 COPACABANA (RIO DE JANEIRO, RJ)

O sinuoso desenho do calçadão, sua marca registrada, está no imaginário de todo brasileiro. Cenário de filmes e novelas, fonte de inspiração de poetas e músicos e palco da maior festa de réveillon do país, Copacabana – ou apenas Copa, para os íntimos – está entre as praias mais conhecidas do mundo. Do canto direito, onde fica o Posto 6, avista-se o Pão de Açúcar e a curva inteirinha da praia de 3,4 km de extensão. Todos os dias, cariocas de idades e classes sociais variadas fazem exercícios, passeiam ou simplesmente se sentam em um dos banquinhos da orla para ver a vida passar. O incessante movimento se estende à larga faixa de areia, onde os freqüentadores praticam vôlei, futebol, futevôlei – e, claro, tomam sol. Aos domingos, quando uma faixa da avenida Atlântica é fechada ao trânsito, o vaivém delicioso só aumenta.

## COMO CHEGAR
Pelo calçadão, pela ciclovia, de táxi ou até de metrô.

## SAIBA MAIS
www.rio.rj.gov.br

© ANA PAULA PAIVA

© MANOEL MARQUES

## 48 JOSÉ GONÇALVES (BÚZIOS, RJ)

Desde que Brigitte Bardot passou por lá, nos anos 60, Armação dos Búzios nunca mais foi a mesma. De pequena vila de pescadores esquecida numa península do litoral fluminense, Búzios transformou-se no balneário badalado e cosmopolita mais visitado do Rio, atrás apenas da capital do estado. A orla soma 23 praias. Tem a do surfe, do agito, da paquera, das crianças... Mas os caçadores da praia perfeita devem seguir direto para a semideserta José Gonçalves, na Reserva Ecológica das Emerências. Cercada de mata nativa, a pequena enseada de mar agitado e areia grossa é um achado.

### COMO CHEGAR

Búzios está a 179 km do Rio de Janeiro e a 615 km de São Paulo. Quem vai do Rio usa a ponte Rio-Niterói e a Via Lagos, numa viagem que dura cerca de 2 horas. Do aeroporto do Rio de Janeiro partem vôos de linha e traslados. Acesso também pelo mar, em barco próprio ou alugado, ou num dos cruzeiros que aportam por ali de dezembro a março. Do centro de Búzios até a praia José Gonçalves são 9 km. Para quem vai pela RJ-102 (Cabo Frio-Búzios), a praia está a 2,5 km do pórtico de entrada da cidade.

### SAIBA MAIS

www.buziosonline.com.br; buziosturismo.com

## 49 AZEDA E AZEDINHA (BÚZIOS, RJ)

Os quiosques que se instalaram por ali foram retirados há cerca de uma década, desde que a praia Azedinha se transformou numa Área de Proteção Ambiental. Ficou perfeito! Cercada de rochedos e com apenas 50 metros de extensão, a enseada de águas calmas e transparentes é excelente para banhos e, sobretudo, mergulho livre. Dá para ver peixinhos coloridos de montão. Uma trilha fácil que sai da praia dos Ossos e cruza a vizinha praia Azeda (igualmente linda, mas um pouco mais movimentada) leva até lá.

### COMO CHEGAR
Pela trilha ou num dos táxis marítimos que saem da praia dos Ossos.

### SAIBA MAIS
www.buziosonline.com.br; buziosturismo.com

© MARCO A. POMARICO

© CLAUDIO LARANGEIRA

## 50 TRÊS PRAIAS (GUARAPARI, ES)

Mineiros e capixabas da capital, Vitória, são os freqüentadores mais assíduos de Guarapari, o principal balneário do Espírito Santo. Na alta temporada, enquanto a maioria dos banhistas disputa os quiosques de Meaípe (a praia do agito) ou as areias monazíticas de Areia Preta, o turista esperto segue 9 km rumo ao sul até Três Praias. Separadas por pedras e com acesso restrito (cobra-se uma taxa por veículo), as três pequenas enseadas de águas calmas são um arraso! O prazer é garantido sob a sombra das árvores e coqueiros da areia ou no mar transparente, ótimo para mergulho e pesca submarina.

### COMO CHEGAR
Guarapari fica a 64 km da capital Vitória e a 550 km de Belo Horizonte. A BR-101 passa por lá e também há aeroporto local. Siga pela Rodovia do Sol, 9 km em direção ao sul, para chegar até Três Praias (área particular).

### SAIBA MAIS
www.guarapari.es.gov.br

© IVAN CARNEIRO

## 51 ITAÚNAS (ITAÚNAS, ES)

Não é exagero dizer que essa é a praia mais bonita do Espírito Santo. Com dunas de 20 a 30 metros de altura, areia dourada e finíssima, ela fica dentro do parque Estadual de Itaúnas. A faixa de areia se estende por um 1 km e separa o mar da pacata vila que, na alta temporada, vira território de jovens e forró até o amanhecer. O acesso precário, por uma única estrada de terra, ajuda a preservar o ar rústico do local. Ali, resorts dão lugar a campings e pousadas simples, a comida mais famosa é o PF, e caixas eletrônicos e postos de gasolina são luxos que parecem não fazer falta.

### COMO CHEGAR
Pela BR-101 até Conceição da Barra. A partir dali são mais 27 km até o distrito de Itaúnas, em estrada de terra muito precária e que fica intransitável em dias de chuva.

### SAIBA MAIS
www.casinhadeaventuras.com.br

### PESCA OCEÂNICA
*O trecho de litoral que vai de Vitória a Guarapari é o melhor do país para fisgar o marlim-branco e o marlim-azul, um peixão veloz que busca as águas quentes do pedaço entre novembro e janeiro. É nesse período que a região abriga campeonatos de pesca oceânica. Quem não é fera na isca pode participar de expedições de um dia em barcos com marinheiro e guia. As lanchas partem do Iate Clube do Espírito Santo, em Vitória, ou do Porto de Guarapari, mas a brincadeira tem preço alto: a diária de um barco ultrapassa os US$ 1.000.*

© DIVULGAÇÃO

# Região Nordeste

Dunas, falésias, coqueiros, mar azul e muito sol. Tudo isso rima com Nordeste. Destino de férias de milhares de brasileiros e estrangeiros, a região concentra praias com excelente infra-estrutura e muita diversão. As mais belas do país também estão por ali. Mas não é porque já esteve em todos os destinos famosos entre a Bahia e o Maranhão que você pode se dar por satisfeito – sempre haverá uma enseada escondida esperando por você. O acesso difícil, muitas vezes por estradas de terra esburacadas ou travessias de rio e mar, é o maior aliado desses paraísos. Por isso, fique atento sempre que visitar o Nordeste, pois não muito longe de você uma praia deserta, ou quase, pode estar à sua espera.

## 52 CORUMBAU (CUMURUXATIBA, BA)

Em linha reta, apenas 50 km separam Porto Seguro de Ponta do Corumbau – um banco de areia que avança mar adentro. Na falta de uma ligação direta por terra, a distância entre os dois lugares salta para 220 km de estrada, os últimos 60 em chão de terra batida, daqueles que viram lama grudenta quando chove. Bem menos sofrido é chegar de barco. Graças à dificuldade de acesso, a pequena vila de pescadores e índios pataxós é uma tranqüilidade só. Fora de temporada, quem deseja companhia para curtir as areias brancas deve levar gente de casa. Foi justamente o sossego que atraiu para Corumbau pousadas em que o rústico e o luxuoso parecem ter sido feitos um para o outro. Com dinheiro na carteira, fique nas cabanas do Tauana, com cama king-size, lençóis de algodão egípcio, internet banda larga e o marzão bem na porta.

### COMO CHEGAR
As principais capitais têm vôos regulares para Porto Seguro. De lá, pegue um teco-teco ou a estrada: são 220 km seguindo pela BR-101 até Itamaraju e de lá para Guarani, onde começa o último trecho (60 km) de terra. Ou siga até Cumuruxatiba e pegue a estrada de terra. Barcos para a Ponta do Corumbau (2 horas de viagem) saem de Prado e Cumuruxatiba. Também há meios mais alternativos a partir de Caraíva: seguir por 12 km na areia num bugue ou caminhando mesmo.

### SAIBA MAIS
www.cumuru.com.br; www.tauana.com.br; www.bahia.com.br

© RICARDO FREIRE

© IVAN CARNEIRO

## 53 BARRA VELHA (CARAÍVA, BA)

O rio que vem do Parque Nacional do Monte Pascoal para desaguar no mar dá acesso a Caraíva, um pequeno vilarejo de casinhas coloridas que atrai jovens de várias partes do país. Após a travessia em canoa chega-se às vielas de areia, onde não existe luz elétrica e a maioria das pousadinhas só oferece o básico. Pule da cama bem cedo para curtir a enseada mais bonita do local. Dá para ir de bugue, mas o bacana mesmo é caminhar à beira do mar por 1h30 rumo ao sul até Barra Velha, onde fica uma aldeia de índios pataxós. Ondas fracas, recifes e uma estreita faixa de areia são lugar perfeito para não fazer nada – ou, no máximo, se for alta temporada, economizar energia para dançar forró noite adentro.

### COMO CHEGAR
Caraíva está a 39 km de Trancoso e a 74 km de Porto Seguro, via BR-101, na saída no km 753. Há ônibus direto de Porto Seguro (3 horas de viagem).

### SAIBA MAIS
www.caraiva.com.br; www.bahia.com.br

# 54 DO ESPELHO (PRAIA DO ESPELHO, BA)

Não caia na tentação de conhecer a praia do Espelho naqueles passeios de barco. Só quem se hospeda nesse lugar deslumbrante pode caminhar pela areia nos momentos em que ela é um paraíso de verdade – aqueles em que os turistas de um dia não estão por lá. Aí, sim, dá para entender porque essa é uma das praias mais bonitas do país. Se quer privilegiar o visual, escolha os bangalôs no alto da colina. Se prefere o barulho do mar, fique nas pousadas pé-na-areia. As piscinas naturais que aparecem quando a maré está baixa e a orla repleta de coqueiros e falésias em tons brancos e avermelhados compensam os sacolejos da dura estrada de terra que liga o local a Trancoso.

## COMO CHEGAR
A praia do Espelho está 25 km ao sul de Trancoso.

## SAIBA MAIS
www.caraiva.com.br; www.bahia.com.br

© IVAN CARNEIRO

© IVAN CARNEIRO

## 55 DE CURUÍPE (PRAIA DO ESPELHO, BA)

A confusão é grande, e não é para menos. Essa praia tem os mesmos atrativos que sua vizinha ilustre, a praia do Espelho – mesmo quem vive por lá se confunde. Para se localizar, observe o riacho que separa as duas: a que está ao norte, com ocupação mais esparsa e barracas que cobram preços menos abusivos, é a de Curuípe. Seu lado esquerdo, protegido por um paredão branco de falésia e por pedras (na maré alta é perigoso passar ali), é o trecho mais bonito. Ao cantinho deserto e perfeito para caminhar de mãos dadas os moradores deram um nome sugestivo: praia dos Amores.

### COMO CHEGAR
Pela mesma estrada de terra que leva até a praia do Espelho. São 25 km ao sul de Trancoso. A praia de Curuípe está ao norte do riacho.

### SAIBA MAIS
www.caraiva.com.br; www.bahia.com.br

## 56 GUAIÚ (SANTO ANDRÉ, BA)

Porto Seguro está a apenas 25 km, mas depois de cruzar o rio João de Tiba você não vê (e nem ouve) sinal de muvuca ou axé. O marzão clarinho também ficou para trás: a proximidade com rios e mangues faz das praias de Santo André as menos azuis da Costa do Descobrimento. Seu charme vem da moldura de mata nativa, das longas planícies à beira-mar e da rústica vila feita de uma rua só. Em direção ao norte, a 16 km, na foz do rio Guaiú, fica a deserta praia de mesmo nome. Fora de temporada, é bem provável que você e seus acompanhantes sejam os únicos a mergulhar nas águas quentes das poças de água doce que se formam na maré baixa. Quer mais sossego que isso?

### COMO CHEGAR

O aeroporto mais próximo está em Porto Seguro, 25 km para o sul. Acesso pela BR-101 até Eunápolis. A partir daí siga pela BR-367 para Santa Cruz Cabrália, de onde saem as balsas que levam até Santo André. Passeios de jipe oferecidos no vilarejo são a melhor forma de chegar até a praia de Guaiú.

### SAIBA MAIS

www.portonet.com.br/cabralia; www.bahia.com.br

© TADEU LUBAMBO

## 57 HAVAIZINHO (ITACARÉ, BA)

A chegada a Itacaré, num trecho de 72 km a partir de Ilhéus, é a primeira das surpresas. Em nenhuma outra faixa do litoral baiano há cenário assim. No lugar de rochas e falésias há uma paisagem recortada, cheia de enseadas separadas por costões cobertos de mata Atlântica. Badalado há pouco mais de uma década, o destino já era paraíso dos surfistas antes mesmo do asfalto chegar por ali. A praia Havaizinho, a 16 km do centro, está entre as preferidas da turma da prancha. As pedras dificultam os banhos, mas a vista é deslumbrante. Na maré baixa dá para nadar no canto esquerdo, onde se formam agradáveis piscinas naturais.

### COMO CHEGAR
O aeroporto mais próximo é o de Ilhéus, a 72 km. A panorâmica BA-001 (Estrada-Parque Ilhéus-Itacaré) leva até o centro. Para chegar a Havaizinho volte 16 km pela mesma rodovia (sentido sul) e estacione no bolsão à beira da estrada (o acesso é cobrado por veículo), na altura do km 12. Dali são mais 20 minutos de caminhada.

### SAIBA MAIS
www.itacare.com.br; www.bahia.com.br

## 58 TIRIRICA (ITACARÉ, BA)

A minúscula faixa de areia fina, os coqueiros e os paredões de pedra que garantem ondas maneiras 365 dias por ano transformaram Tiririca num dos principais points de surfe do país. Vários campeonatos acontecem nessa praia, mas mesmo fora das competições tem surfista de montão pegando onda – muitos deles estrangeiros. Se você não é dessa tribo, problema nenhum: fique na areia e alterne o olhar entre o desfile de corpos sarados e as manobras radicais no mar.

### COMO CHEGAR
É uma das praias do centro de Itacaré. Da rua principal, dá uns 20 minutos de caminhada.

### SAIBA MAIS
www.itacare.com.br; www.bahia.com.br

© ANNA ANGOTTI

© ALEX MARCHETTI

## 59 TAIPU DE FORA (BARRA GRANDE, BA)

Península de praias paradisíacas e semidesertas, Maraú mais parece uma ilha – até porque quase ninguém chega pela péssima estrada que a liga ao continente. De um lado está a Baía de Camumu, por muitos anos um segredo bem guardado dos velejadores. Do outro, na costa voltada para o oceano, ficam as deslumbrantes piscinas de corais de Taipu de Fora. Para mergulhar no aquário natural de 1 km de extensão, basta esperar a maré baixar. A água transparente fica ainda mais translúcida em dias de sol a pino. Como a maior parte dos turistas se hospeda na vila de Barra Grande, há jardineiras que levam até essa praia. Mas quem quer viver dias de rei fica nos bangalôs do Kiaroa Maraú Beach Resort. É um luxo só.

### COMO CHEGAR
Com um veículo 4x4 (e muita coragem) chega-se a Barra Grande pela esburacada BR-030. Em Itacaré, agências oferecem transporte em jipes, mas as estradas são de lascar. Melhor seguir até Camamu (4 horas a partir de Salvador), onde dá para deixar o carro e seguir de barco até Barra Grande.

### SAIBA MAIS
www.barragrande.net; www.kiaroa.com.br; www.bahia.com.br

# 60 MORERÉ (ILHA DE BOIPEBA, BA)

Separada do agito de Morro de São Paulo pelo rio do Inferno, a Ilha de Boipeba tem mais de 20 km de praias magníficas. A dificuldade de acesso ajuda a preservar seu ar rústico, e, apesar de rotineiras, as excursões de um dia não chegam a prejudicar. A maior parte das pousadas, simples mas com aquelas convidativas redes sob a sombra, fica na praia Boca da Barra. Chegue, acomode-se e então pergunte pelas belas piscinas naturais de Moreré, de longe o lugar mais sensacional da ilhazinha. Passeios de barco (40 min.) ou uma longa caminhada (1h30 de trilha) levam até o paraíso.

## COMO CHEGAR
De Salvador, são 271 km até Torrinha (distrito de Cairu) e mais 2 horas de barco. Também dá para voar até Morro de São Paulo e depois cruzar o rio do Inferno (25 min.) de barco.

## SAIBA MAIS
www.ilhaboipeba.org.br; www.bahia.com.br

© RICARDO FREIRE

## 61 DO ENCANTO (MORRO DE SÃO PAULO, BA)

Quer o sossego de Boipeba sem abrir mão do agito de Porto Seguro? Seu lugar é Morro de São Paulo. Destino de baladeiros, a ilha preserva a tranqüilidade na vila com ruas de areia, na ausência de carros e nas praias semidesertas – ao mesmo tempo em que sua noite ferve. Durante o dia, quanto mais longe do centrinho, mais tranqüilo é. Assim, deixe para trás a Primeira Praia, a Segunda Praia (onde rolam os luaus no verão), a Terceira... A quinta delas, em vez de se chamar Quinta Praia, tem como nome oficial praia do Encanto. Excelente escolha! Extensa e reta, enfeitada por um manguezal do lado direito, a faixa de areia é perfeita para caminhadas e tem o mar azul clarinho, que ganha deliciosas piscinas naturais quando a maré baixa.

### COMO CHEGAR
A partir de Salvador dá para ir de avião ou em catamarãs (2 horas de viagem) que saem do ancoradouro do Mercado Modelo, na Cidade Baixa. Pela estrada, vá até Valença (distrito da Cairu), deixe o carro e atravesse o Canal de Taperoá de barco (1h30).

### SAIBA MAIS
www.morrodesaopaulo.com.br; www.bahia.com.br

### DE OLHO NA JUBARTE

*As baleias-francas não são as únicas que curtem namorar na costa brasileira. Todos os anos, entre julho e novembro, as jubartes aproximam-se do litoral norte da Bahia para acasalar, procriar e amamentar os filhotes. Os cetáceos, que chegam a pesar 40 toneladas e medir até 16 metros, ficam entre 2 e 4 km da orla. Além de monitorar e estudar a espécie, o Instituto Baleia-Jubarte, na Praia do Forte, realiza passeios com monitores para a observação destes mamíferos gigantes.*

© LUIS MORAIS

## 62  PRAIA DO FORTE (PRAIA DO FORTE, BA)

A badalação na rua principal, com lojas de grife, joalheria e restaurantes de autor, a existência de dois resorts (o Praia do Forte Ecoresort e o Iberostar Bahia) e a facilidade de acesso não comprometem a paisagem da praia do Forte. No topo do interesse do litoral norte baiano, o destino consegue ser ao mesmo tempo chique e descolado, civilizado e ecologicamente correto. Além da extensa orla bem preservada – são 14 km de areias claras e coqueiros –, a praia do Forte é sede do Projeto Tamar, com tanques de tartarugas marinhas e um clima meio Disney. Difícil passar pela lojinha que fica na saída sem comprar nada. No canto esquerdo da praia está o trecho mais bacana, com quiosques e cadeiras de madeira na areia. Uma caminhada de 10 minutinhos ao norte leva até as piscinas naturais do pedaço conhecido por Papa-Gente, ótimo para mergulho livre.

### COMO CHEGAR
A partir de Salvador, são 90 km pela BA-099, que é um tapetão ao longo da Estrada do Coco.

### SAIBA MAIS
www.praiadoforte.org.br; www.ecoresort.com.br; www.iberostar.com; www.bahia.com.br

© RICARDO FREIRE

# 63 MANGUE SECO (MANGUE SECO, BA)

Última praia da Bahia – quem cruzar a foz do rio Real chega a Sergipe. Cercadas de fazendas de coqueiros e manguezais, as dunas de Mangue Seco mantêm o clima rústico do vilarejo apesar da fama que o lugar ganhou após aparecer na novela *Tieta*, no fim dos anos 80. A praia tem 30 km de extensão, e os bugues que partem do povoado são a melhor maneira de se locomover pela faixa que intercala dunas e vegetação de restinga. Por conta do rio, o mar já não é tão clarinho, mas a beleza rústica do cenário seduz até os mais exigentes.

## COMO CHEGAR
Fica a 255 km de Salvador ou a 160 km da Praia do Forte pela Linha Verde (BA-099). Passe a fronteira de Sergipe e 15 km depois você estará na entrada para a Vila do Pontal. Até Mangue Seco são mais 12 km. Quem vem de Aracaju percorre 80 km até Porto do Mato (próximo à praia do Saco) e lá pega a balsa.

## SAIBA MAIS
www.praiademangueseco.com.br; www.bahia.com.br

© RICARDO FREIRE

© RICARDO FREIRE

## 64 ARUANA (ARACAJU, SE)

Graças à boa qualidade de vida, a capital sergipana é chamada de "a Suíça nordestina". Mesmo assim, Aracaju não figura na lista de cidades quem têm as praias mais paradisíacas do pedaço – afinal, a concorrência no Nordeste é acirrada mesmo. Mas ela tem charme, e seus 30 km de litoral não decepcionam. As praias do sul, com ares rústicos e um pouco mais afastadas da faixa urbana, são as melhores. E você nem vai precisar rodar muito para dar de cara com Aruana, a primeira praia do trecho com areia escura, águas calmas e mornas. De cálido, só mesmo o mar. Aqui estão as barracas mais bacanas e descoladas da orla, e a prática do kitesurfe atrai a moçada sarada e ajuda a turbinar o lugar.

### COMO CHEGAR
Fica a 11 km do centro. Seguindo para o sul, é a primeira praia ao longo da rodovia José Sarney.

### SAIBA MAIS
Conheça um pouco mais a região nos sites www.aracaju.se.gov.br/funcaju; www.aracaju.com

# 65 GARÇA TORTA (MACEIÓ, AL)

Se em Porto de Galinhas é preciso enfrentar fila para pegar uma jangada rumo às piscinas naturais, aqui é tudo mais simples. Quando a maré está baixa, dá até para ir a pé ver os peixinhos presos nos labirintos de corais. Garça Torta reserva outros atrativos: a faixa de areia avermelhada e fina, a pacata aldeia de pescadores e os currais de peixes armados no mar rasinho. Quer apreciar um show único? Escolha um lugar na areia perto dos coqueiros, peça uma cervejinha bem gelada e espere para ver as jangadas deslizando pelas águas de tom verde-esmeralda bem na hora que o sol se põe.

### COMO CHEGAR
Saindo de Maceió, pegue a AL-101 rumo ao norte do estado. Fica a 14 km do centro.

### SAIBA MAIS
www.turismomaceio.com.br; www.maceiobrasil.com.br

© RICARDO FREIRE

© MARCOS ISSA/ARGOS

## 66 PRATAGI (MACEIÓ, AL)

Coqueiros, mar calmo e areia macia são perfeitos para as crianças. E quem é do pedaço sabe disso. A praia do Pratagi atrai famílias inteiras que se divertem na piscininha natural formada na maré baixa. Para perder o contato com qualquer vestígio de civilização, basta caminhar para a esquerda. Aos poucos, o barulho vai diminuindo, e o som que fica é o das ondas quebrando, bem devagar...

**COMO CHEGAR**
A 16 km de Maceió, acesso pela AL-101, em direção ao norte.

**SAIBA MAIS**
www.turismomaceio.com.br; www.maceiobrasil.com.br

# 67 PATACHO (SÃO MIGUEL DOS MILAGRES, AL)

Para quem procura sossego e muita beleza. Tudo bem que, para chegar até Patacho, você precisa de determinação. O caminho de Maceió até lá é cheio de desvios, e na última etapa da aventura há um trecho de terra no meio de uma fazenda de cocos. Acredite: vale o sacrifício! A praia é totalmente deserta, com uma faixa estreita de areia grossa, águas morninhas e transparentes, piscinas naturais e ondas suaves. Não vá embora sem conhecer o vilarejo de São Miguel dos Milagres, rústico, com construções coloniais – isso, claro, se você conseguir tirar o pé da areia.

### COMO CHEGAR
São Miguel dos Milagres está a 106 km de Maceió. Vá pela AL-101 até a Barra de Santo Antônio (46 km), onde a estrada dá uma guinada para o interior. Continue até São Luís do Quitunde e à altura da Usina de Santo Antônio pegue a AL-465 para a direita (siga a indicação para Passo do Camaragibe). Só então volte pelo caminho à beira-mar (AL-101). Daí para a frente são mais 20 km.

### SAIBA MAIS
www.turismo.al.gov.br

© RICARDO FREIRE

© RICARDO FREIRE

## 68 DO GUNGA (BARRA DE SÃO MIGUEL, AL)

O cenário é um deslumbre. A praia do Gunga fica num pontal, encontro da Lagoa do Roteiro com o Atlântico. De um lado, mar aberto com algumas ondas e um coqueiral a perder de vista. Do outro, água calmíssima e uma parede de areia branca. Piscinas naturais translúcidas completam o quadro. Ou melhor, quase sempre. Para desfrutar do paraíso desse jeitinho é preciso escolher o dia e a hora certa. O lugar lota, e, principalmente nos fins de semana, o branco da areia fica colorido de cangas e abarrotado de cadeiras de plástico. Em vez do relaxante barulhinho do mar ouvem-se os motores dos jet-skis, saveiros, escunas e barcos que puxam banana boat. Também é bom ficar de olho na maré. Quando ela sobe, pouco sobra da faixa de areia. Para sair de lá certo de que conheceu uma das praias mais belas do país, vá no meio da semana e o mais cedo que puder. Se a idéia é ferver, sábado e domingo são os melhores dias.

### COMO CHEGAR
Acesso por Barra de São Miguel, a 40 km de Maceió, de carro ou barco (20 min.). De carro, rodam-se 11 km de asfalto e mais 3 de terra dentro de uma fazenda particular de coco (com entrada controlada e pagamento de taxa).

### SAIBA MAIS
www.barradesaomiguel-al.com.br

# 69 CARRO QUEBRADO (BARRA DE SANTO ANTÔNIO, AL)

Fôlego, espírito aventureiro e paciência são essenciais para curtir o lugar. O trajeto envolve balsa saindo de Barra de Santo Antônio até Ilha de Croa (que na verdade é uma península), mais 6 km de estradinha de terra. Na praia semideserta de ondas fortes e mar esverdeado, passear de bugue está entre os passatempos mais curtidos. A turma do volante sabe, mas é bom avisar que no meio do caminho há rochas, e para passar só mesmo com a maré baixa. Mesmo assim, vira e mexe uma mãozinha se faz necessária para desatolar o carro: daí vem o nome da praia. A atração principal são mesmo as falésias coloridas, em tons de roxo, vermelho, ocre. Dá para virar criança brincando com as tintas que se formam ao misturá-las com água. A tranqüilidade é tamanha, e a sensação de ser o dono da praia muitas vezes deixa as pessoas bem à vontade. Não estranhe se você se deparar com algum peladão desfilando nos trechos mais selvagens. Aqui rola o que se chama de nudismo ocasional.

### COMO CHEGAR
Barra de Santo Antônio, de onde sai a balsa que leva até Ilha da Croa, fica 46 km ao norte de Maceió. Uma vez na península, percorrem-se 6 km de estrada com chão de terra batida e um trecho beirando o manguezal.

### SAIBA MAIS
No site www.turismomaceio.com.br, em Litoral Norte, há informações sobre passeios (e fotos bacanas) que levam até Barra de Santo Antônio.

© EDUARDO CORDEIRO

## 70 DO FRANCÊS (PRAIA DO FRANCÊS, AL)

São duas praias numa só. A galera do surfe finca a prancha nas areias fofas do canto direito, onde as ondas fortes, tubulares e rápidas se formam. Do lado oposto, protegido por uma barreira de corais, o mar calmo faz a festa de quem quer curtir o sol, a azaração e um petisquinho na beira do mar. Com um viés bem pop, a praia do Francês tem muitas barracas, música alta e um tobogã no meio da água. A 10 km de distância fica Marechal Deodoro, Patrimônio Histórico Nacional. Vale sacudir a areia do corpo e conhecer as casas centenárias da cidade, também conhecida pela produção de renda.

### COMO CHEGAR
De Maceió, são 21 km pela Rodovia Costa Dourada (AL-101), sempre em direção ao sul.

### SAIBA MAIS
www.praiadofrances.net

## 71 DE CARNEIROS (TAMANDARÉ, PE)

A geografia favoreceu a beleza da praia de Carneiros – metade mar, metade rio. São apenas 5 km de areia fina e clara, com larga faixa de coqueiros. Na ponta, ao norte, está o estuário do rio Formoso, com uma igrejinha branca. Quando a maré sobe, as águas se misturam e fica difícil saber onde uma termina e a outra começa. Essa vila de pescadores é preservada pelo acesso restrito de visitantes, feito por terrenos particulares (na verdade dois bares, que cobram consumação mínima). Graças a isso ela está quase sempre deserta. Casas antigas, uma aqui, outra acolá, construídas no meio dos coqueiros, completam o cenário de cartão-postal.

### COMO CHEGAR
Fica ao sul do estado, a 113 km de Recife. Chega-se a Carneiros atravessando Tamandaré e entrando pela porteira do bar Bora Bora ou do bar da Prainha. A pé também dá. São 45 minutos de trilha a partir da praia das Campas. Ou vá de lancha, a partir de Tamandaré.

### SAIBA MAIS
www.guiatamandare.com.br

© RICARDO FREIRE

© RICARDO FREIRE

## 72 PONTAL DE MARACAÍPE (PORTO DE GALINHAS, PE)

O lugar é tão tranqüilo, calmo e rústico que faz esquecer que está a apenas 10 minutos de Porto de Galinhas. Daqui também saem passeios de jangada para as piscinas naturais, mas sem aquela lotação que rola na vizinha. Nesse ponto, as águas do rio Maracaípe se encontram com o mar, e uma voltinha de caiaque pelo manguezal pode cair bem no fim de tarde. Coloque no roteiro uma visita ao projeto Hippocampos, onde é possível conhecer o hábitat do cavalo-marinho. Um quilômetro ao sul fica a praia de Maracaípe, sede pernambucana de circuitos de surfe.

### COMO CHEGAR
Entre Porto de Galinhas e Pontal são 10 minutos (4 km) em direção ao sul. Se a maré estiver baixa, dá para atravessar de bugue pela praia.

### SAIBA MAIS
www.portodegalinhas.com.br

# 73 PORTO DE GALINHAS (PORTO DE GALINHAS, PE)

Os 4 km de areia branca batida estão sempre apinhados de gente. E dá para apostar qual é o principal motivo da muvuca: as piscinas naturais. Basta pegar uma jangada e em 5 minutos os peixinhos já estão comendo na sua mão – desde que a maré baixa favoreça. Porto de Galinhas é o maior pólo turístico do estado, e a ótima infra-estrutura também colabora para isso. Há hospedagem em todas as categorias e pacotes variados vendidos por agências de viagem. Quem curte a mordomia dos resorts não sai frustrado: há pelo menos cinco espalhados pelas praias locais.

### COMO CHEGAR
Porto de Galinhas é a principal praia do distrito homônimo, que pertence à cidade de Ipojuca e fica 70 km ao sul da capital pernambucana pela PE-060. A escultura de uma galinha-d'angola gigante anuncia que você chegou lá.

### SAIBA MAIS
www.portodegalinhas.com.br

© RICARDO FREIRE

© MARIE ANGE BORDAS

## 74 BAÍA DOS PORCOS (FERNANDO DE NORONHA, PE)

Todas as maravilhas que dizem sobre Noronha são verdadeiras. O acesso controlado (apenas 700 pessoas podem pernoitar na ilha, e há uma taxa diária por permanência) funciona como um excelente modelo de turismo sustentável. Apesar de movimentada, com direito a vida noturna e tudo, a ilha nunca recebe mais gente do que comporta. As praias, todas de cair o queixo, ficam em dois lados – o Mar de Fora, que dá para a África, e o Mar de Dentro, no lado em que está o Brasil. É ali que se esconde a Baía dos Porcos. Assim que chegar, em vez de mergulhar imediatamente, é bem provável que você fique estático na pequena faixa de areia cercada por pedras. Não é para menos, já que a visão das piscinas naturais repletas de peixinhos (onde o banho é proibido) e da silhueta dos rochedos da Ilha Dois Irmãos é espetacular.

### COMO CHEGAR
De avião, com vôos diários a partir de Recife (1h40) e de Natal (1h10). Ou num dos cruzeiros que visitam a ilha de outubro a fevereiro. O acesso à Baía dos Porcos é feito por trilha, a partir da praia Cacimba do Padre (15 min.) ou da Baía do Sancho (10 min.).

### SAIBA MAIS
www.fernandodenoronha.pe.gov.br

## 75 BAÍA DO SANCHO (FERNANDO DE NORONHA, PE)

Diz o velho ditado que gosto não se discute, mas nesse caso... como discordar de que a Baía do Sancho é a praia mais bonita do país? Voltada para o Mar de Dentro, vizinha da Baía dos Porcos, a enseada protegida por uma encosta tem areia branca e águas verdes. Na primeira vez em que você for até lá (pois certamente vai dar um jeito de voltar enquanto estiver na ilha), chegue por cima e salve na memória cada detalhe da deslumbrante paisagem. Depois, desça a escadinha de ferro, sinta a areia e se jogue nas águas quentes do Sancho. Só não esqueça o snorkel: há muitos peixinhos coloridos por lá.

### COMO CHEGAR
Pelo mar, num dos passeios de barco, ou por cima. Bugues levam até o alto do penhasco, onde há uma escadinha de ferro. Na maré baixa também é possível caminhar a partir da Baía dos Porcos, mas atenção: de janeiro a junho, entre 18h e 6h, o acesso à Baía do Sancho é proibido por conta da desova das tartarugas marinhas.

### SAIBA MAIS
www.fernandodenoronha.pe.gov.br

© RICARDO FREIRE

© MARIE ANGE BORDAS

## 76 PRAIA DO LEÃO (FERNANDO DE NORONHA, PE)

No lado do Mar de Fora, não tem pra nenhuma outra: a praia do Leão é a jóia entre as magníficas enseadas, a começar pela vista única para uma ilha que lembra a figura de um leão deitado – daí o seu nome. É também a praia mais extensa do arquipélago, com areia fofa levemente avermelhada e mar verde-azulado, e uma das preferidas das tartarugas marinhas para pôr seus ovos. Por isso, no período de desova (janeiro a julho), ninguém pode freqüentá-la entre 18h e 6h.

### COMO CHEGAR
De avião, com vôos diários a partir de Recife (1h40) e de Natal (1h10). Ou num dos cruzeiros que visitam a ilha de outubro a fevereiro. Passeios de bugue levam até a praia do Leão.

### SAIBA MAIS
www.fernandodenoronha.pe.gov.br

---

**AQUÁRIO SENSACIONAL**
*As águas claras de Fernando de Noronha, com visibilidade que chega até 50 metros, fazem do arquipélago um dos melhores pontos de mergulho do mundo. Arraias, tubarões, tartarugas, moréias, barracudas e outros tantos peixes coloridos protagonizam um verdadeiro desfile no fundo do mar. As operadoras de turismo oferecem mergulho de batismo para os iniciantes. Outra atração imperdível é ver o espetáculo de saltos e rodopios que os golfinhos estrelam na Baía dos Golfinhos. Nadar é proibido, mas há passeios de barco que passam bem perto dos animais.*

# 77 TAMBABA (JACUMÃ, PB)

Primeiro reduto de naturismo oficial do Nordeste, a praia de Tambaba está entre as melhores da Paraíba. Esses nudistas são uns sortudos mesmo! Mas, dos 300 metros da praia, 200 metros estão reservados para quem prefere manter as marquinhas dos trajes de banho. No lado dos pelados, entre rochas, falésias, coqueiros e piscinas naturais, o visual de Tambaba é ainda mais bonito. Como de costume em áreas de nudismo, quem quiser circular por ali vai ter de se livrar das roupas antes de passar pela guarita.

## COMO CHEGAR
Fica a 49 km do centro de João Pessoa, rumo ao sul, pela PB-008. Uma trilha pequena (são apenas 3 minutos de caminhada) liga os dois lados da praia.

## SAIBA MAIS
www.praiadejacuma.com; www.tambaba.com.br

© DIVULGAÇÃO

© RICARDO FREIRE

## 78 COQUEIRINHO (JACUMÃ, PB)

Quer ir para o Nordeste em alta temporada sem pagar mais por isso e curtir praias em que a gritaria dos grupos de excursões passa longe? Vá para a Paraíba. Apesar dos pacotes de algumas agências, o turismo em massa ainda não se deu conta de que o litoral do estado tem seus segredos bem guardados. Ali ficam sossegadas praias com falésias e mar azul de fazer concorrência a outras belas enseadas. A isolada Coqueirinho, a apenas 39 km da capital, é assim. Emoldurada por coqueiral, a grande faixa de areia guarda pequenos rios de água doce e, no canto direito, um conjunto de recifes ótimo para o mergulho livre. Os banhistas que não dão a mínima para agito noturno (definitivamente, balada não é o forte de João Pessoa) sentem-se em casa.

### COMO CHEGAR
De avião ou de carro pela BR-101, vindo de Natal (180 km ao norte) ou de Recife (125 km ao sul). A partir de João Pessoa, rumo ao sul pela PB-008, são 39 km até a praia Coqueirinho.

### SAIBA MAIS
www.praiadejacuma.com

# 79 PONTA DO SEIXAS (JOÃO PESSOA, PB)

Ter uma praia de nudismo é um dos orgulhos dos paraibanos. Outro é o fato de que eles são os primeiros a ver o sol raiar todos os dias. O fenômeno deve-se à geografia: no litoral sul de João Pessoa está a Ponta do Seixas, o ponto mais oriental da América do Sul. O mar ali é calmo, e barracas rústicas pé-na-areia garantem o básico para quem vai passar o dia. Mas é bom pular da cama cedo, pois no comecinho da tarde a falésia começa a fazer sombra em toda a orla.

## COMO CHEGAR
De avião ou de carro pela BR-101, vindo de Natal (180 km ao norte) ou de Recife (125 km ao sul).

## SAIBA MAIS
www.joaopessoa.pb.gov.br

© EDUARDO QUEIROGA

## 80  DO AMOR E DO MOLEQUE (PRAIA DA PIPA, RN)

Descoberta pelos surfistas nos anos 70, a praia da Pipa é um ponto de encontro de jovens, sobretudo estrangeiros. Sossego ali só se for na baixa temporada, de segunda a quinta, e olhe lá. Isolada por uma falésia, com acesso feito por escadinha improvisada, a praia do Amor e do Moleque concentra a moçada mais bonita da vila. Do alto, o mirante do Chapadão proporciona uma vista panorâmica até a Baía Formosa. E o mar agitado que afasta as famílias leva ao delírio os caçadores de ondas radicais.

### COMO CHEGAR

Do Aeroporto Internacional Augusto Severo até a praia da Pipa, ao sul de Natal, são 90 km. Dá para ir direto pela BR-101 em direção ao sul, ou então usar, a partir de Ponta Negra, a Rota do Sol, que é mais cênica e conduz o motorista de volta à BR-101 a partir de São José de Mipibu. Dali até Pipa são mais 26 km. Uma caminhada de 2 km leva à praia do Amor e do Moleque.

### SAIBA MAIS

www.praiadapipa.com.br traz informações sobre a maré e sobre as ondas que se formam nas praias da região; www.pipa.com.br; www.pipaonline.com.br; www.setur.rn.gov.br

# 81 DO CURRAL (PRAIA DA PIPA, RN)

Deserta, protegida por falésias e com acesso a pé apenas na maré baixa, a praia do Curral é também conhecida como Baía dos Golfinhos. O motivo é a presença regular desses animais, que dão um show a distância nas águas calmas, deliciosas para o mergulho livre. Se tiver sorte, você ainda pode nadar lado a lado com eles.

## COMO CHEGAR
Passeios de bugue que saem de Natal rumo às praias do sul passam por ali. Do centrinho de Pipa são apenas 2 km em direção ao norte.

## SAIBA MAIS
www.setur.rn.gov.br; www.pipa.com.br; www.pipaonline.com.br

© DIVULGAÇÃO

© RICARDO FREIRE

## 82 DO MADEIRO (TIBAU DO SUL, RN)

No caminho entre Natal e Pipa está Tibau do Sul. Se sua praia é sossego, fique por aí. Protegidas por falésias, as três únicas praias quase sempre vazias da cidade têm um charme só. Outro ponto alto do trecho são os bons restaurantes e os agradáveis hotéis que andam despontando por lá. Na hora de esticar a canga, a praia do Madeiro é a mais bonita. Fica 4 km ao sul da vila, encostada na praia do Curral e também muito visitada por golfinhos. Escadas rústicas de até 160 degraus ligam os hotéis à areia. À noite, se quiser agito, estique até a praia da Pipa.

### COMO CHEGAR
Tibau do Sul está a 77 km de Natal (sentido sul) ou a 8 km da Pipa (sentido norte) pela BR-101.

### SAIBA MAIS
www.setur.rn.gov.br; www.pipa.com.br; www.pipaonline.com.br

# 83 BARRA DE TABATINGA (NATAL, RN)

Um mirante na estrada recepciona quem chega a Barra de Tabatinga. Se a maré estiver alta, você não precisará de muita sorte para ver a folia dos golfinhos. Eles parecem saber que você está lá em cima, esperando pelo show. Aproveite também para observar o cenário cinematográfico da face norte da praia, com falésias e altas dunas. Por causa das pedras, esse lado da orla é mais para ver do que usufruir. O local mais bacana para banho, com direito a quiosques pé-na-areia e recifes que formam piscinas naturais quando a maré sobe, fica do outro lado, conhecido como Enseada de Tabatinga.

### COMO CHEGAR
Chega-se a Natal de avião pela BR-101 (vindo dos estados nordestinos ao sul) ou pela BR-406 (vindo de Fortaleza). Barra de Tabatinga está a 40 km do centro, sentido sul, pela Rota do Sol.

### SAIBA MAIS
www.setur.rn.gov.br; www.nataltrip.com

© RICARDO FREIRE

## 84 PONTA NEGRA (NATAL, RN)

Para quem só quer saber de pegar sol e mar, Ponta Negra é uma verdadeira curtição. A paisagem reúne trechos de águas calmas e com ondas para surfe, recifes, barcos, areia fina e um dos principais cartões-postais do Rio Grande do Norte: o Morro do Careca, a duna de 120 metros (acesso interditado) que enfeita o canto da praia. A ruazinha à beira-mar é o ponto preferido dos estrangeiros – aliás, graças aos vôos fretados diretos da Europa, eles são muitos por ali. No trecho de orla que acompanha o recém-construído calçadão, os quiosques são mais ajeitados, com cadeiras de madeira e enormes guarda-sóis. À noite, a melhor pedida é ir para a parte alta do bairro, longe da praia, que abriga a área boêmia mais descolada.

**COMO CHEGAR**
No sentido sul a partir de Natal são 14 km pela Via Costeira.

**SAIBA MAIS**
www.setur.rn.gov.br; www.nataltrip.com

**BRINQUEDINHOS NA AREIA**
O passeio às dunas de Genipabu que partem de Natal incluem outras aventuras – todas pagas à parte. Mas o clima de parque de diversões é tão contagiante que fica difícil não embarcar nos "brinquedinhos". Quando menos esperar você vai descer no aerobunda, uma espécie de tirolesa com cerca de 100 metros, sustentada por cabos de aço, que termina num delicioso banho na lagoa Jacumã. Ou então vai provar o esquibunda do Parque Santa Mônica. É assim: a pessoa senta numa prancha de madeira e escorrega duna abaixo, por uns 30 metros, até cair numa lagoa!

© LUIS MORAIS

## 85 GENIPABU (GENIPABU, RN)

Localizada no litoral norte do estado, Genipabu não tem uma praia sensacional, mas quem vai lá para isso? Seu negócio é o Parque das Dunas, com aquelas montanhas de areia móveis e fixas. A sensação de descer as dunas num bugue contratado em Natal é idêntica a de estar numa montanha-russa – mas bem mais insegura. Pense duas vezes antes de pedir o passeio "com emoção" ao bugueiro: as manobras radicais chegam a assustar mesmo. Um programa mais relax é dar uma voltinha de jegue ou em dromedários importados da Espanha.

### COMO CHEGAR
Fica 24 km ao norte de Natal pela BR-302. Dá para encurtar o caminho pegando a balsa que cruza o rio Potengi entre a capital e Redinha. Genipabu está 7 km adiante.

### SAIBA MAIS
www.setur.rn.gov.br; www.nataltrip.com

© RICARDO FREIRE

# 86 TOURINHOS (SÃO MIGUEL DO GOSTOSO, RN)

Por muito tempo, a tranqüilíssima vila de pescadores era conhecida como São Miguel de Touros. Mas aí um dia os turistas começaram a chegar e caíram de joelhos diante daquele cenário de praias selvagens com falésias e, melhor de tudo, sem muvuca nenhuma. Achavam tudo tão "gostoso" que o apelido pegou. A praia Tourinhos pertence à cidade hoje oficialmente chamada São Miguel do Gostoso. Aberta para o mar, a enseada tem ventos constantes propícios para vela e windsurfe. Quando a maré está alta, rola até um efeito especial conhecido por "suspiro da baleia" – na verdade, jatos de água que espirram alto de uma formação coralínea em alto-mar.

## COMO CHEGAR
São Miguel do Gostoso está a 108 km de Natal pelas rodovias BR-101 e RN-221 (a partir de Touros). Dali até Tourinhos são mais 6 km. Acesso por trilha ou bugue a partir da praia Reduto.

## SAIBA MAIS
www.setur.rn.gov.br

© TIBICO BRASIL

© LUIS MORAIS

## 87 GALINHOS (MACAU, RN)

Eis mais um daqueles lugares mágicos salvos do turismo de massa pela dificuldade de acesso. Cercada por dunas, salinas e rio, Galinhos não tem carro, muvuca, turista chegando em excursão... A praia fica num pontal de areia da península que avança no mar azul. De setembro a março, duas lagoinhas de águas mornas ajudam a decorar a paisagem. Precisa mais? Ah, para ir do local do desembarque da balsa até a praia existe uma frota de táxis para lá de pitoresca, formada por várias charretes puxadas a jegue. Se preferir, você também pode alugar uma mulinha.

### COMO CHEGAR
Macau, a cidade mais próxima de Galinhos, está a 185 km de Natal. Saia da capital potiguar pela BR-406 e 16 km depois de Jandaíra entre à direita. Dali são mais 25 km até o estacionamento, em Pratagi. Então vem a balsa e, depois, a charrete movida a jegue. Se a maré estiver baixa, dá para ir de jipe 4x4, via Caiçara.

### SAIBA MAIS
www.setur.rn.gov.br relaciona as principais atrações da região.

## 88 DA PONTA DO MEL (AREIA BRANCA, RN)

Localizada na Costa Branca – região que começa logo depois da esquina do continente, na face norte do litoral brasileiro e assim batizada por conta das salinas –, a praia da Ponta do Mel é um irresistível convite para celebrar o ócio numa paisagem incomum. Suas águas calmas, dunas e falésias se juntam à vegetação típica da caatinga e aos jegues que desfilam sem pressa à beira-mar. Construída no alto de uma falésia de 50 metros, a pousada Costa Branca Eco Resort cabe bem a esse propósito de não fazer nada. Os chalés são amplos, e a piscina oferece vista panorâmica que abrange a enseada, as praias vizinhas e até o porto-ilha de Areia Branca, a 14 km da costa, onde o sal produzido na região é embarcado em navios.

### COMO CHEGAR
São 332 km de Natal até Areia Branca, mais outros 35 km até a praia Ponta do Mel. A pousada Costa Branca oferece traslado para quem chega pelo aeroporto de Mossoró, a 53 km dali.

### SAIBA MAIS
www.prefeituradeareiabranca.com.br; www.setur.rn.gov.br; www.costabranca.com.br

© DIVULGAÇÃO

© RICARDO FREIRE

## 89 CANOA QUEBRADA (CANOA QUEBRADA, CE)

A aventura não começa antes de uma consulta à tábua das marés. Ela rege os passeios que dependem do bugue *versus* praia. Portanto, se a idéia é fazer um bate e volta partindo de Fortaleza, só coloque o pé na estrada depois de checar se está no dia e na hora certos. Mas a região reúne algumas das praias mais bonitas do Ceará, e rodar quase 200 km para dar apenas uma espiada e voltar é cruel demais – a melhor pedida é hospedar-se por ali. Conhecida pelas falésias avermelhadas em forma de meia-lua, Canoa Quebrada virou um dos points mais badalados do pedaço. Barracas de dois andares com som rolando alto são bem comuns na temporada. Para curtir a paisagem em paz, vá para o canto direito, onde os quiosques são rústicos e o burburinho das excursões não chega a incomodar.

### COMO CHEGAR
O aeroporto mais próximo é o de Fortaleza, a 182 km. Pegue a CE-40 (rodovia das praias da costa leste) que desemboca na BR-304. Passe por Aracati (sede do município) e 1 km depois pegue a entrada para Canoa Quebrada.

### SAIBA MAIS
www.sectur.ce.gov.br/setur; www.santuarios.com.br/canoaquebrada

# 90 PONTA GROSSA (CANOA QUEBRADA, CE)

A localização é estratégica. Fica no final do passeio de bugue (a última praia), num bico protegido por falésias em tons de vermelho. Isso significa um visual único para quem tem o pé na areia e um deleite para os que sabem mergulhar de verdade – estamos falando de mergulhadores experientes, ok? O mar é de tombo, cheio de recifes e rochas submersas. Fora d'água, há quem defenda que o trecho emoldurado por coqueiros é o mais bonito do país. Na dúvida, deixe a preguiça de lado e escale a areia fofa: curtir a paisagem do alto das dunas é uma experiência incrível.

## COMO CHEGAR
Está a 54 km do centrinho. Na maré baixa dá para ir de bugue pelas praias, em passeios que saem de Canoa Quebrada.

## SAIBA MAIS
www.sectur.ce.gov.br/setur; www.municipios-ce.com.br/icapui/turismo

© SECRETARIA DO TURISMO DO CEARÁ /DIVULGAÇÃO

### BROADWAY CEARENSE
*O nome oficial é Dragão do Mar, mas todo mundo conhece por Broadway mesmo. Talvez por isso os estrangeiros a curtam tanto! Além de bares e restaurantes, a rua do agito de Canoa Quebrada reúne um cardápio musical variado. Tem pagode, dance music, rock e forró. Na alta temporada, os gringos e turistas também podem ver o sol nascer nos luaus que rolam na praia.*

## 91 PORTO DAS DUNAS (AQUIRAZ, CE)

Já ouviu falar em Porto das Dunas? E no Beach Park? Pois o famoso complexo, que inclui um parque de diversões e um resort, está instalado justamente nessa praia, a 30 km de Fortaleza. Para quem vai ao Ceará com os pimpolhos, não tem lugar melhor para ficar. Enquanto a turma sarada do surfe domina a areia e as ondas fortes do mar, crianças e marmanjos divertem-se nos brinquedos do Aquapark. Há atrações bem basiquinhas para os pequenos e piscina com ondas perfeitas para não gastar energia – mas o grande barato mesmo são os brinquedos radicais. No toboágua Insano, com 41 metros de altura, escorrega-se num tubo de água a cerca de 100 km por hora!

### COMO CHEGAR
Fica a 30 km do aeroporto de Fortaleza, a leste da avenida Beira-Mar. A partir do shopping Iguatemi (referência na cidade), pegue a avenida Washington Soares e siga as placas que indicam o complexo aquático. Continue pela avenida Maestro Lisboa até chegar à Estrada do Sol Nascente. Cruze o rio Pacoti e depois de mais alguns metros você estará na praia.

### SAIBA MAIS
www.setur.ce.gov.br; www.beachpark.com.br

# 92 DO FUTURO (FORTALEZA, CE)

O maior atrativo desse lugar é o fato de ser o local perfeito para pegar praia – precisa mais? Não que a orla seja pobre de encantos naturais: são 8 km de areia clara e fofa, com dunas e um marzão de encher os olhos. Mas o que faz a praia do Futuro ser considerada a melhor de Fortaleza é a eficiência dos quiosques na areia. Há barraca para todo o tipo de perfil: moçada, família, homens desacompanhados, gays... Depois de escolher a sua, só resta desfrutar de mordomias como cadeiras, guarda-sóis, banheiro e duchas de água doce. Os mergulhos e caminhadas à beira-mar podem ser intercalados por cervejinha gelada, camarão, patinhas de caranguejo... Ou será que você prefere lagosta?

### COMO CHEGAR
Há vôos diretos das principais capitais. Do centro até a praia do Futuro são 10 minutinhos de táxi.

### SAIBA MAIS
www.setfor.fortaleza.ce.gov.br; www.ceara.com.br/fortaleza/

© JARBAS OLIVEIRA

© SECRETARIA DO TURISMO DO CEARÁ /DIVULGAÇÃO

## 93 LAGOINHA (LAGOINHA, CE)

É linda de ver. Com dunas, coqueiros, lagoas e trechos com falésias, a praia Lagoinha tem a maior pinta de cartão-postal. Ao clima selvagem juntaram-se os confortos da civilização, como bares e restaurantes na orla e também os dispensáveis vendedores ambulantes – mas você pode fugir deles alugando um quadriciclo. Com 15 km de extensão, a faixa de areia que contorna o morro em formato de meia-lua é perfeita para passeios desse tipo.

### COMO CHEGAR
Lagoinha pertence ao distrito de Paraipaba, a 110 km de Fortaleza, no litoral oeste. Acesso pelas rodovias CE-085 (também conhecida como Estruturante) e CE-162.

### SAIBA MAIS
www.aprece.org.br; www.ceara.com

# 94 JERICOACOARA (JERICOACOARA, CE)

Céu avermelhado e sol mergulhando no azul do mar. Assim é o pôr-do-sol de Jericoacoara. A imagem cinematográfica repete-se todos os fins de tarde, e a poltrona mais vip fica no alto da Duna do Pôr-do-Sol. Você vai querer correr para lá todos os dias, mas tenha calma! A melhor maneira de curtir Jeri é desacelerar, embarcar no seu ritmo malemolente. Visite a Pedra Furada, as piscinas naturais e reserve muito tempo para não fazer nada. Em Área de Preservação Ambiental, a praia guarda formações rochosas, faixa larga de areia, coqueiros, águas calmas e muito vento (sobretudo no segundo semestre) para a galera do kitesurfe voar sobre o mar. À noite, o movimento acontece na vilinha de pescadores, hoje cheia de restaurantes, hotéis, lojinhas e cibercafés, mas que para toda sorte e todo encanto mantém-se rústica e restrita a cinco ruas de areia ligadas por vielas sem iluminação pública.

### COMO CHEGAR
Não tem outro jeito: para chegar a Jeri, só mesmo de bugue ou 4x4, num sacolejar por 23 km entre dunas desde Jijoca, a 296 km de Fortaleza.

### SAIBA MAIS
www.jericoacoara.tur.br

© LUIS MORAIS

© RICARDO FREIRE

## 95  CARNAUBINHAS (LUÍS CORREIA, PI)

Comparado aos outros estados do Nordeste, o litoral do Piauí é minúsculo. São apenas 66 km de praia, mas o cenário não decepciona. Quase deserta, com dunas branquinhas e mata nativa, Carnaubinhas é uma pequena e notável praia da região. Na maré baixa aparecem deliciosas piscinas naturais cercadas de recifes. E o vento forte e constante desenha uma imagem única e curiosa, ao cobrir parcialmente as carnaúbas que cercam a praia.

### COMO CHEGAR
Está a 360 km de Teresina. Saindo da capital, siga pela BR-343 até chegar em Parnaíba. Continue, então, pela vicinal PI-315.

### SAIBA MAIS
No site www.deltadorioparnaiba.com.br, clicando em Litoral do Piauí, há fotos e detalhes sobre as praias de Luís Correia.

# 96 DE CABURÉ (BARREIRINHAS, MA)

Mergulho em água salgada ou doce, basta escolher. Na vila de mesmo nome, a praia de Caburé tem como principal atrativo um trecho de areia clara e fofa entre o rio Preguiças e o mar aberto, a 500 metros um do outro. O vilarejo de pescadores, onde há algumas pousadas e restaurantes, faz parte do município de Barreirinhas, a principal porta de entrada para quem vai conhecer os Lençóis Maranhenses. Vindos da cidade, os passeios que descem o rio Preguiças também costumam parar nessa praia.

### COMO CHEGAR
Barreirinhas está a 252 km de São Luís. A MA-402, conhecida como Translitorânea, liga a capital a Barreirinhas em 3 horas de viagem. Mas o bacana mesmo é pegar um táxi aéreo no aeroporto de São Luís. A viagem de 50 minutos tem um visual incrível. Do centro de Barreirinhas saem lanchas e veículos 4x4 para Caburé.

### SAIBA MAIS
www.turismo.ma.gov.br/pt

© RICARDO FREIRE

## 97 ATINS (BARREIRINHAS, MA)

Também na confluência entre rio e mar, a praia de Atins fica exatamente em uma das extremidades do Parque Nacional dos Lençóis Maranhenses. Com disposição, chega-se às dunas após 1h30 de caminhada, mas quem quiser também pode ir de barco. As pousadinhas do povoado oferecem apenas o essencial, sem luxos. Quando a fome apertar, pergunte pelo churrasco de camarão da Luzia. O prato vem ganhando fama internacional, e qualquer um sabe indicar o caminho. Mas prepare-se: você precisa andar 40 minutos sob o sol até chegar lá.

### COMO CHEGAR
No centro de Barreirinhas, informe-se sobre os veículos 4x4 e lanchas (1h15) que levam a Atins.

### SAIBA MAIS
www.turismo.ma.gov.br/pt

---

**UM MUNDO DE AREIA**
*Numa área de 155 mil hectares, dunas e mais dunas de areia branca e fina que se movimentam ao sabor do vento formam uma das mais impressionantes paisagens do país. A melhor época para visitar os Lençóis Maranhenses vai de abril a setembro, quando as chuvas já passaram e as lagoas com águas transparentes em diferentes tonalidades de azul e verde estão cheinhas. De Barreirinhas saem os passeios de barco ou 4x4 que levam até lá. Também dá para ir caminhando entre lagoas e dunas, por uma 1h30, a partir do povoado de Atins.*

© DIVULGAÇÃO

# Regiões Norte e Centro-Oeste

Para muita gente, o litoral do Maranhão é a última parada para pegar praia. Ledo engano. Famosa pelos rios, matas e bichos que fascinam pessoas de todo o planeta, a Floresta Amazônica também esconde mais de duzentas praias de mar e de rio – algumas delas, no Pará, já com infra-estrutura básica para receber os turistas. Isso sem falar nas cidades banhadas pelo rio Araguaia, que no período de estiagem se transformam num enorme balneário fluvial.

## 98 DA CORVINA (SALINÓPOLIS, PA)

O município de Salinópolis, que todo mundo chama de Salinas, concentra as praias oceânicas mais freqüentadas da Amazônia. É ali que os paraenses mantêm suas casas de veraneio. Depois de um dia de muito sol na praia do Maçarico, que fica no centro e é a mais movimentada de todas, siga à esquerda, até a passarela sobre o manguezal que leva à praia da Corvina. Na maré baixa, a faixa de areia chega a ter mais de 300 metros de largura, e dezenas de piscinas naturais de águas mornas se formam quando o mar seca.

### COMO CHEGAR
De Belém a Salinas são 220 km, com acesso pelas rodovias BR-316 e PA-124.

### SAIBA MAIS
www.paraturismo.pa.gov.br; www.salinas.tur.br

© DIVULGAÇÃO

## 99 DA PRINCESA (ALGODOAL, PA)

No vilarejo da Ilha do Algodoal, tudo é muito simples. Um dos poucos luxos nas pousadas, a energia elétrica chegou em 2004. Para se locomover de um lado a outro, usa-se bicicleta, barco a motor ou a remo e simpáticas carroças puxadas por cavalo. No verão amazônico, que vai de julho a dezembro, a ausência de chuvas aumenta a faixa da praia. É nessa época que a praia da Princesa vira point com direito a barzinhos na orla e luaus. Extensa, com ondas fortes e farol, a bela enseada de mar aberto ainda guarda atrás de suas dunas um lago do mesmo nome, tão deslumbrante que alimenta até uma lenda. Dizem os nativos que uma linda donzela surge sobre aquelas águas nas noites de lua cheia – e os homens, enfeitiçados, a seguem e acabam morrendo afogados.

### COMO CHEGAR
São 171 km a partir de Belém. É preciso ir até Castanhal, pela BR-316, e depois para Marudá, pela PA-136. Do porto de Marudá, onde os carros ficam estacionados, são mais 45 minutos de barco até a ilha.

### SAIBA MAIS
www.paraturismo.pa.gov.br; www.algodoal.com

# 100 ALTER DO CHÃO (SANTARÉM, PA)

A 35 km de Santarém, espremida entre o rio Tapajós e o Lago Verde, fica uma das mais paradisíacas praias da Amazônia. Na época das chuvas o rio invade quase tudo, e a vilinha de pescadores vira uma ilha só acessível por canoa. Mas quando chega o período da seca, entre agosto e outubro, o nível de água baixa até 10 metros. E aí que nasce, então, uma deliciosa praia de areias cintilantes e água tão azul que faz um desavisado achar que Alter do Chão é uma praia oceânica. Não se engane: as águas são de rio mesmo. No fim do dia, não perca a oportunidade de caminhar pouco mais de meia hora para ver, do alto morro da Serra Piroca, o sol baixar ao som da revoada ensurdecedora dos pássaros.

### COMO CHEGAR
Vôos diários ligam Belém a Santarém. Depois, leva-se mais meia hora (35 km) para chegar à vila, de táxi ou carro alugado.

### SAIBA MAIS
www.paraturismo.pa.gov.br

© DIVULGAÇÃO

## 101 DO RIO ARAGUAIA (BARRA DO GARÇAS, MT)

Para esticar a canga e banhar-se nas águas doces do Araguaia é preciso estar lá no período de estiagem, entre junho e setembro. Com 2.630 km de extensão, o rio nasce na serra do Caipó, na confluência dos estados de Goiás, Mato Grosso e Mato Grosso do Sul, e deságua no rio Tocantins, na divisa entre Tocantins, Pará e Maranhão. Quando as águas baixam, as areias claras encontradas em cidades à beira do rio Araguaia transformam-se num gigantesco balneário fluvial. Um dos trechos bacanas da praia do rio Araguaia fica no município de Barra do Garças, já no Mato Grosso, com boa infra-estrutura para receber os turistas.

**COMO CHEGAR**
Fica a 511 km de Cuiabá. Há vôos a partir de Cuiabá, Goiânia e Brasília.

**SAIBA MAIS**
www.rioaraguaia.com.br; www.barradogarcas.com.br

© Copyright 2008, EDIOURO PUBLICAÇÕES LTDA.

EDITOR  Kiko Nogueira
COORDENAÇÃO  Gabriela Erbetta
EDIÇÃO DE TEXTO  Mônica Santos
CAPA, PROJETO GRÁFICO E DIAGRAMAÇÃO  Ana Dobón
REVISÃO  Carol Wilbert

Dados Internacionais de Catalogação na Publicação (CIP)
(Câmara Brasileira do Livro, SP, Brasil)

```
101 Praias de Sonho / Revista Guia Quatro Rodas. -- São Paulo :
    Ediouro, 2008. -- (Viagens)

    ISBN 978-85-000-2193-0

    1. Brasil, Litoral - Descrição e viagens
    2. Praias - Brasil - Descrição e viagens
    3. Praias - Brasil - Guias I. Série.
```

08-09673                                                CDD-918.10946

Índices para catálogo sistemático:

1. Brasil : Praias : Descrição e viagens : Guias
   918.10946
2. Praias : Brasil : Descrição e viagens : Guias
   918.10946

Ediouro
EDIOURO PUBLICAÇÕES LTDA.
Rua Nova Jerusalém, 345 - CEP 21042-230 - Rio de Janeiro - RJ
Tel.: (21) 3882-8200 - Fax: (21) 3882-8212/8313
email:editorasp@ediouro.com.br; vendas@ediouro.com.br
internet: www.ediouro.com.br